cook it
Salate

cook it
Salate

Dorling Kindersley

INHALT

Anmerkung

In diesem Buch finden Sie auch Rezepte mit etwas ausgefalleneren Zutaten. Diese Zutaten bekommen Sie größtenteils im Asien- oder Orientladen. Eine gute Auswahl bieten ebenfalls gut sortierte Supermärkte, die Lebensmittelabteilungen der großen Kaufhäuser und Bio-Supermärkte. Außerdem haben sich einige Onlinehändler auf asiatische und orientalische Zutaten spezialisiert.

Vorspeisen

Romanasalat mit Paprika, Gurken und Radieschen

Für 4 Personen

1½ EL bestes Olivenöl
1½ EL Zitronensaft
1 Romanasalatherz, die Blätter in
  mundgerechte Stücke gezupft
2 vollreife Tomaten, geachtelt
1 kleine grüne Paprikaschote, in
  mundgerechte Stücke geschnitten
2 kleine Salatgurken, längs halbiert,
  von den Samen befreit und in halbe
  Scheiben geschnitten
4 Radieschen, in Scheiben
  geschnitten
1 kleine rote Zwiebel, in dünne Halbringe geschnitten
2 EL gehackte glatte Petersilie
1 kleine Handvoll Minzeblätter

Das Öl in einer Schüssel mit Zitronensaft sowie Salz und geschrotetem
schwarzem Pfeffer mit dem Schneebesen zu einem Dressing verrühren.

Die restlichen Zutaten in eine große
Schüssel geben und gut mischen.
Das Dressing hinzufügen und untermischen. Sofort servieren, solange
der Salat noch knackig ist.

Borlotti-Bohnen mit Roter Bete und Minze

Für 4 Personen

1 Dose Borlotti-Bohnen (400 g; siehe Tipp)
500 g gegarte Rote Bete (Vakuum-Pack), in mundgerechte Stücke geschnitten
150 g Cocktailtomaten, halbiert
1 Handvoll Minzeblätter

Dressing
1 EL Apfel- oder Weißweinessig
1 EL Olivenöl

Die Bohnen in ein Sieb schütten; kalt abspülen, dann abtropfen lassen.

Bohnen, Rote Bete und Tomaten in eine Servierschüssel geben. Die Hälfte der Minzeblätter hacken und unter die Salatzutaten mischen.

Öl und Essig mit Salz und Pfeffer mit dem Schneebesen zu einem Dressing verrühren. Das Dressing über den Salat gießen und behutsam untermischen. Den Salat mit den restlichen Minzeblättern garnieren und sofort servieren.

Tipp: Falls Sie frische Borlotti-Bohnen bekommen können, sollten Sie unbedingt diese verwenden. Die Kerne so lange in sprudelnd kochendem Wasser garen, bis sie weich sind – das dauert mindestens 10 Minuten.

Zuckerschotensalat mit japanischem Dressing

Für 4 Personen

200 g Zuckerschoten
50 g Erbsenkeimlinge (selbst
  gezogen, ersatzweise beliebige
  andere Sprossen)
1 kleine rote Paprikaschote, in feine
  Streifen geschnitten
2 TL geröstete Sesamsamen

Dressing
½ TL Instant-Dashi (japanische
  Fischbrühe)
1 EL Sojasauce
1 EL Mirin (süßer japanischer
  Reiswein)
1 TL Zucker
1 Knoblauchzehe, zerdrückt
1 TL fein gehackter frischer Ingwer
¼ TL Sesamöl
1 EL Öl
2 TL geröstete Sesamsamen

In einem Topf reichlich Wasser aufkochen lassen. Die Zuckerschoten für
1 Minute hineingeben, dann abgießen,
mit kaltem Wasser abschrecken und
abtropfen lassen. In eine Schüssel
geben und mit Erbsensprossen und
Paprikastreifen mischen.

Für das Dressing das Dashi-Granulat
in 1½ EL heißem Wasser auflösen.
Die Brühe in eine kleine Schüssel
geben. Die restlichen Zutaten hinzufügen und alles mit einem Schneebesen
verrühren. Den Salat mit dem Dressing anmachen, mit den Sesamsamen
bestreuen und servieren.

Tomaten und Mozzarella

Für 4 Personen

3 große vollreife Tomaten, in Scheiben
  geschnitten
250 g Mozzarella, in Scheiben
  geschnitten
16–20 Basilikumblätter
4 EL bestes Olivenöl

Tomaten- und Mozzarellascheiben abwechselnd dachziegelartig auf einer Servierplatte anrichten. Basilikumblätter dazwischenstecken. Das Ganze mit Olivenöl beträufeln, mit Salz und Pfeffer würzen und servieren.

Tipp: Dieser Salat, in Italien »Caprese« genannt, schmeckt am besten mit ganz frischem Büffel-Mozzarella. Sehr hübsch ist eine Kombination aus halbierten Kirschtomaten und Mini-Mozzarellakugeln.

Aubergine mit Couscous auf marokkanische Art

Für 4 Personen

200 g Instant-Couscous
200 ml Olivenöl
1 Zwiebel, halbiert und in Halbringe
  geschnitten
1 Aubergine
3 TL gemahlener Kreuzkümmel
1½ TL Knoblauchsalz
¼ gemahlener Zimt
1 edelsüßes Paprikapulver
¼ gemahlene Gewürznelken
½ TL Salz
50 g Butter
2½ große Handvoll Petersilie,
  fein gehackt
abgeriebene Schale von 1 unbehandelten Zitrone
2 EL Kapern

Couscous nach Packungsanweisung in heißem Wasser quellen lassen, dann mit einer Gabel auflockern.

In einer großen Pfanne 2 EL Öl heiß werden lassen. Die Zwiebelringe darin bei schwacher Hitze in 8–10 Minuten hellbraun werden lassen, dann mit einem Schaumlöffel herausheben.

Die Aubergine in 1 cm dicke Scheiben schneiden. Scheiben vierteln und in eine große Schüssel geben. Kreuzkümmel, Knoblauchsalz, Zimt, Paprika, Nelke und Salz mischen; diese Gewürzmischung auf die Auberginen streuen und untermischen.

Das restliche Öl in einer Pfanne bei mittlerer Hitze heiß werden lassen. Die Auberginenstücke darin in etwa 20 Minuten weich und braun braten, dabei einmal wenden. Aus der Pfanne nehmen und abkühlen lassen.

In derselben Pfanne die Butter bei schwacher Hitze zerlassen. Couscous hineingeben und 2–3 Minuten dünsten. Zwiebel, Aubergine, Petersilie, Zitronenschale und Kapern unterrühren. Die Pfanne vom Herd nehmen. Salat mit Raumtemperatur servieren.

Auberginen mit würzigem Zwiebelgemüse

Für 4 Personen

4 Zwiebeln
100 ml Olivenöl
½ gemahlener Safran
1 TL gemahlener Ingwer
1 TL gemahlener Zimt
½ TL gemahlenes Piment
1½ EL Honig
600 g lange, dünne Auberginen

Zwiebeln halbieren und in schmale Spalten schneiden. Spalten in eine Deckelpfanne geben, mit Wasser bedecken und aufkochen. Zugedeckt 5 Minuten köcheln lassen. Anschließend in einem Sieb abtropfen lassen.

2 EL Olivenöl in die Pfanne geben. Safran, Ingwer, Zimt und Piment unterrühren und 1 Minute anbraten, dann die Zwiebeln hinzufügen. Honig und 400 ml Wasser hinzufügen und alles mit Salz und schwarzem Pfeffer aus der Mühle würzen. Bei schwacher Hitze zugedeckt 40 Minuten köcheln lassen, dann die Zwiebeln 10 Minuten in der offenen Pfanne weiterköcheln lassen, bis die meiste Flüssigkeit verdampft ist.

Auberginen waschen, abtrocknen und mit den grünen Stielen halbieren. Von jeder Hälfte auf der unteren Seite ein Stück Schale abziehen. Auberginenhälften rundum mit dem restlichen Öl bestreichen. In einer heißen Grillpfanne pro Seite 3–4 Minuten braten, bis das Fruchtfleisch gar ist.

Auberginenhälften mit den Schnittflächen nach oben auf einer Servierplatte oder auf Tellern anrichten. Die Zwiebeln mit dem Garsud darauf verteilen. Heiß oder warm mit knusprigem Brot servieren.

Halloumi mit grünem Spargel und kalter Kräutersauce

Für 2 Personen

Kräutersauce
1 kleine Handvoll Basilikumblätter
1 kleine Handvoll Minzeblätter
1 große Handvoll Petersilienblätter
1 EL sehr kleine Kapern, abgetropft
1 Knoblauchzehe
1 EL Olivenöl
½ EL Zitronensaft
½ EL Limettensaft

125 g Halloumi (zyprischer Käse, der nicht schmilzt)
150 g dünne grüne Spargelstangen
1 EL Knoblauch- oder Olivenöl
50 g gemischte Blattsalate

Für die Kräutersauce die Kräuter in der Küchenmaschine mit Kapern, Knoblauch und Öl pürieren. Zitronen- und Limettensaft hinzufügen und rasch untermixen.

Eine Grillpfanne bei mittlerer Hitze heiß werden lassen. Den Halloumi in 1 cm dicke Scheiben und diese in je zwei Dreiecke schneiden. Halloumi und Spargel mit Knoblauch- oder Olivenöl bestreichen. Den Spargel 1 Minute braten, bis er knapp weich ist, dann den Käse pro Seite etwa 45 Sekunden braten, bis Grillstreifen entstanden sind.

Die Salatblätter auf zwei Teller verteilen, Halloumi und Spargel darauf anrichten. Kurz vor dem Servieren mit der Kräutersauce beträufeln.

Glasnudeln mit Hähnchenfleisch

Für 2 Personen

100 g Glasnudeln
1 EL Öl
1 Knoblauchzehe, zerdrückt
3 cm frischer Ingwer, fein gerieben
1 grüne Chilischote, von den Samen befreit, fein gehackt
200 g Hähnchenkeulenfleisch, gehackt
2 EL Zitronensaft
2 Kaffirlimettenblätter, in Streifen geschnitten
1 EL Fischsauce
1 EL Chilisauce
2 EL gehacktes Koriandergrün

Die Nudeln nach Packungsangabe einweichen bzw. garen, abtropfen lassen, kalt abspülen und nochmals abtropfen lassen.

Das Öl im Wok oder in einer Pfanne bei mittlerer Hitze heiß werden lassen. Knoblauch, Ingwer und Chili darin etwa 1 Minute pfannenrühren, dabei darf der Knoblauch nicht verbrennen. Das Fleisch hinzufügen. 2–3 Minuten rühren, dann Zitronensaft, Limettenblätter, Fisch- und Chilisauce unterrühren. Alles 1 weitere Minute pfannenrühren. Vom Herd nehmen und in eine große Schüssel geben.

Die Glasnudeln mit einer Schere in kürzere Stücke schneiden. Mit dem Koriandergrün zur Hähnchenfleischmischung geben und alles gründlich mischen. Auskühlen lassen, dann auf Salatschälchen verteilen.

Bulgur mit Feta und Petersilie

Für 2 Personen

100 g Bulgur
2 EL gehackte glatte Petersilie
2 EL gehackte Minze
4 Frühlingszwiebeln, fein gehackt
2 feste reife Tomaten, von den
  Kernen befreit, gewürfelt
1 kleine Salatgurke, halbiert, von den
  Samen befreit und gewürfelt
100 g Feta (Schafskäse), zerbröckelt
2 EL Zitronensaft
2 EL Olivenöl

Den Bulgur nach Packungsangabe in heißem Wasser quellen lassen, bis er weich ist. Gut abtropfen lassen, dann das überschüssige Wasser gut herausdrücken.

Den Bulgur in eine Schüssel geben und mit den anderen Zutaten mischen. Mit Meersalz und schwarzem Pfeffer aus der Mühle abschmecken, alles gründlich mischen. Den Salat mindestens 1 Stunde bei Raumtemperatur durchziehen lassen.

Tomaten und Mozzarella mit Basilikumöl

Für 2 Personen

Basilikumöl
125 ml Olivenöl
1 große Handvoll Basilikumblätter,
in Stücke gezupft
1 EL Balsamico-Essig

3 Eiertomaten, halbiert
150 g Mini-Mozzarellakugeln
50 g Mizuna- oder zarte Rucolablätter

Für das Basilikum-Öl das Öl mit dem Basilikum in einen Topf geben. Bei mittlerer Hitze 3–5 Minuten vorsichtig rühren, bis das Öl heiß ist. Vom Herd nehmen und das Basilikum entfernen. 1 EL Basilikum-Öl abnehmen und mit dem Essig zu einem Dressing verrühren. Das restliche Basilikumöl in ein Schraubdeckelglas füllen und im Kühlschrank aufbewahren. Es eignet sich für Salat- und Nudelsaucen.

Tomaten, Mozzarellakugeln und Salatblätter auf zwei Salatschalen verteilen. Das Ganze mit dem Dressing anmachen, mit Salz und schwarzem Pfeffer aus der Mühle würzen.

Vietnamesischer Salat mit Zitronengrasdressing

Für 2 Personen

100 g dünne Reisnudeln (Vermicelli)
1 kleine Handvoll Vietnamesischer
   Koriander, in Stücke gezupft
1 kleine Handvoll Korianderblätter
½ rote Zwiebel, in dünne Halbringe
   geschnitten
1 kleine grüne Mango, geschält und
   in dünne Streifen geschnitten
½ kleine Salatgurke, halbiert und in
   dünne Scheiben geschnitten
75 g gehackte Erdnusskerne

Dressing
3 EL Limettensaft
2 TL geriebener Palmzucker oder
   2 TL brauner Zucker
1½ EL gewürzter Reisessig
1 Stängel Zitronengras, nur der helle
   Teil, fein gehackt
1 rote Chilischote, von den Samen
   befreit, fein gehackt
1 Kaffirlimettenblatt, in Streifen
   geschnitten

Nudeln nach Packungsanweisung garen oder quellen lassen, bis sie weich sind, dann abgießen, kalt abspülen und mit der Küchenschere in kurze Stücke schneiden. Diese in eine große Schüssel geben und mit Vietnamesischem Koriander, Korianderblättern, Zwiebeln, Mango, Gurke und 50 g Erdnüssen mischen.

Die Zutaten für das Dressing in einem Schälchen mit einem Schneebesen verrühren. Den Salat mit dem Dressing anmachen. Die restlichen Erdnüsse auf den Salat streuen; sofort servieren.

Buchweizennudeln, Pilze und Zuckerschoten

Für 2 Personen

125 g Buchweizennudeln
2 EL Walnusskernhälften
1 EL Öl
50 g Shiitakepilze, von den Stielen
befreit, die Hüte in dünne Scheiben
geschnitten
50 g Zuckerschoten, längs in dünne
Streifen geschnitten
3 Frühlingszwiebeln, in dünne Ringe
geschnitten

Dressing
1 EL Weißweinessig
½ TL Sesamöl
2 EL Öl
2 cm frischer Ingwer, fein gerieben
1 kleine rote Chilischote, von den
Samen befreit, fein gehackt

Die Nudeln nach Packungsangabe
garen. Gut abtropfen lassen und kalt
abspülen, dabei behutsam aneinander
reiben, um überschüssige Stärke zu
entfernen. Gut abtropfen lassen und
in eine Schüssel geben.

Inzwischen eine Pfanne bei starker
Hitze heiß werden lassen. Die Nüsse
darin 2–3 Minuten ohne Fett rösten,
dabei die Pfanne gelegentlich rütteln,
damit die Nüsse gleichmäßig Farbe
annehmen. Die gerösteten Nüsse aus
der Pfanne nehmen, abkühlen lassen
und grob hacken.

Das Öl in der Pfanne heiß werden
lassen. Pilzscheiben hineingeben und
unter Rühren 2–3 Minuten braten,
bis sie weich sind. Mit Zuckerschotenstreifen, Frühlingszwiebelringen und
gerösteten Walnüssen zu den Nudeln
geben; alles gut mischen.

Für das Dressing zuerst Essig, Sesamöl und Öl in einer kleinen Schüssel mit
einem Schneebesen verrühren, dann
Ingwer und Chili dazugeben. Dressing
auf den Salat träufeln und untermischen. Salat auf zwei Teller verteilen
und mit Raumtemperatur servieren.

Nudeln und gebratenes Gemüse

Für 2 Personen

2 EL Olivenöl
2 Stangen Staudensellerie, in
  Scheiben geschnitten
1 kleine Zwiebel, halbiert und in
  dünne Halbringe geschnitten
1 Knoblauchzehe, zerdrückt
1 Prise Zucker
2 Lauchstangen, nur die hellen Teile,
  quer in Streifen geschnitten
200 g kurze Nudeln (z. B. Gemelli oder
  Farfalle; siehe Tipp)
2 EL geröstete Pinienkerne
75 g weicher Blauschimmelkäse (z. B.
  Gorgonzola), zerbröckelt

Dressing
1 EL Olivenöl
1 EL gehackte glatte Petersilie
1 EL Zitronensaft

Das Öl in einer großen Pfanne heiß werden lassen. Sellerie und Zwiebel hineingeben und unter gelegentlichem Rühren bei mittlerer Hitze 5 Minuten braten. Knoblauch, Zucker und Lauch untermischen. Das Ganze zugedeckt bei schwacher Hitze unter gelegentlichem Rühren 10 Minuten garen, bis das Gemüse etwas Farbe angenommen hat und weich ist. Anschließend bei mittlerer Hitze offen braten, bis alles kräftig Farbe angenommen hat; dabei darf nichts anbrennen.

Nudeln in reichlich sprudelnd kochendem Salzwasser nach Packungsanweisung bissfest garen. Abgießen, gut abtropfen lassen und noch warm mit dem gebratenen Gemüse mischen; beiseitestellen.

Die Zutaten für das Dressing mit Salz und Pfeffer aus der Mühle in eine kleine Schüssel geben und mit einem Schneebesen gründlich verschlagen. Das Dressing auf den Salat gießen, Pinienkerne und Käse hinzufügen und alles behutsam mischen. Abkühlen lassen. Der Salat schmeckt kalt und lauwarm sehr gut.

Tipp: Um Zeit zu sparen, können Sie für diesen Salat etwa 400 g gegarte Nudeln vom Vortag verwenden.

Reis und Hähnchenfleisch

Für 2 Personen

150 g Jasminreis (siehe Tipp)
100 g gegartes Hähnchenfleisch
½ kleine Salatgurke, von den Samen
  befreit und gewürfelt
250 g Rispentomaten, von den
  Kernen befreit und halbiert
4 Frühlingszwiebeln, in Ringe
  geschnitten
1 Dose Maiskörner (etwa 310 g)

Dressing
3 EL Olivenöl
1 EL Zitronensaft
1 EL flüssiger Honig
1 TL Dijonsenf
1 kleine rote Chilischote, von
  den Samen befreit, in Streifen
  geschnitten

Den Reis in reichlich Wasser knapp gar kochen. In ein Sieb schütten, abtropfen lassen, kalt abspülen und erneut abtropfen lassen. Das Sieb auf einen Topf setzen und den Reis gelegentlich mit einer Gabel auflockern. Den noch warmen Reis in eine Schüssel geben.

Die Zutaten für das Dressing in einer kleinen Schüssel mit einem Schneebesen verschlagen. Das Dressing mit Salz und schwarzem Pfeffer aus der Mühle abschmecken. Unter den Reis mischen. Die Reismischung zudecken und im Kühlschrank auskühlen lassen.

Hähnchenfleisch in mundgerechte Stücke schneiden. Mit Gurkenwürfeln, Tomatenhälften, Frühlingszwiebelringen und Maiskörnern zum Reis geben und alles mischen. Den Salat abschmecken, auf zwei Teller verteilen und servieren.

Tipp: Für diesen Salat können Sie auch etwa 450 g gegarten Reis vom Vortag verwenden.

Gemüsesalat mit Tofu und Sesamdressing

Für 4 Personen

1 TL Salz
200 g Brokkoli, in Röschen zerteilt
100 g Maiskölbchen, längs
  halbiert
75 g Zuckerschoten
1 große rote Paprikaschote, in Streifen geschnitten
200 g geräucherter Tofu, in 5 mm
  dicke Scheiben geschnitten

Dressing
2 EL Olivenöl
2 TL Sesamöl
2 EL Zitronensaft

In einem Topf reichlich Wasser aufkochen lassen. Das Salz hinzufügen und die Brokkoliröschen hineingeben. Nach 30 Sekunden Mais und Zuckerschoten dazugeben und alles 1 Minute kochen, dann das Gemüse in ein Sieb schütten und mit kaltem Wasser abschrecken, anschließend in Eiswasser kalt werden lassen. Das kalte Gemüse in eine Schüssel geben und die Paprikastreifen untermischen.

Die Zutaten für das Dressing in einer kleinen Schüssel mit einem Schneebesen gut verrühren. Das Gemüse mit der Hälfte des Dressings anmachen.

Eine Grillpfanne bei mittlerer Hitze heiß werden lassen. Den Tofu darin pro Seite 2 Minuten braten, bis Grillstreifen entstanden sind. Die Scheiben mit dem restlichen Dressing zum Salat geben. Alles behutsam mischen. Sofort servieren.

Süßkartoffelsalat mit Spinat und Orangen-Sesam-Dressing

Für 4 Personen

1 Pittabrot
3 EL Olivenöl
500 g orange Süßkartoffeln,
  ungeschält in 1 cm dicke Scheiben
  geschnitten
1 kleine Orange
150 g Blattspinat

Dressing
3 EL Olivenöl
1 TL Sesamöl
2 EL Orangensaft
1 TL Zitronensaft
1 TL abgeriebene unbehandelte
  Orangenschale
1 Knoblauchzehe, zerdrückt
2 TL Dijonsenf

Den Backofengrill auf höchste Stufe vorheizen. Das Pittabrot quer halbieren, damit zwei dünne Scheiben entstehen. Diese rundum mit etwas Olivenöl bestreichen, dann grillen, bis sie knusprig und leicht gebräunt sind. Beiseitelegen.

Die Süßkartoffelscheiben mit dem restlichen Öl mischen. 8–10 Minuten grillen, bis sie weich und auf allen Seiten gebräunt sind. Die Scheiben in eine Salatschüssel geben.

Die Orange so dick schälen, dass die weiße Haut mit entfernt wird. Die Orange über eine Schüssel halten und die Segmente mit einem scharfen Messer zwischen den Trennwänden herausschneiden. Zu den Süßkartoffelscheiben geben; Spinat ebenfalls hinzufügen. Brotscheiben in Stückchen brechen und unter den Salat mischen.

Die Zutaten für das Dressing mit einem Schneebesen verrühren. Mit Salz und schwarzem Pfeffer aus der Mühle abschmecken. Kurz vor dem Servieren auf den Salat gießen.

Radicchio mit Feigen und Ingwer-Vinaigrette

Für 4 Personen

1 Radicchio
1 sehr kleiner Friséesalat
3 Orangen (siehe Tipp)
1 sehr kleine rote Zwiebel, in dünne
 Ringe geschnitten
8 frische Feigen, geviertelt

Dressing
3 EL bestes Olivenöl
1 TL Rotweinessig
1 Msp. gemahlener Zimt
2 EL Orangensaft
2 EL sehr fein gehackter kandierter
 Ingwer plus 2 EL Einlegflüssigkeit

2 Granatäpfel (nach Belieben), halbiert

Salatblätter gründlich waschen und abtropfen lassen; in mundgerechte Stücke zupfen und in eine Schüssel geben.

Die Orangen so dick schälen, dass die weiße Haut mit entfernt wird, dann filetieren. Die Orangenfilets mit den Zwiebelringen und 6 geviertelten Feigen zu den Salatblättern geben.

Das Öl mit Essig, Zimt, Orangensaft, Ingwer und Ingwer-Einlegflüssigkeit mit einem Schneebesen zu einem Dressing verrühren. Dressing mit Salz und Pfeffer aus der Mühle abschmecken, unter den Salat mischen.

Die restlichen Feigenviertel paarweise auf dem Salat anrichten. Nach Belieben die Kerne mit einem Löffel aus den Granatapfelhälften lösen und auf dem Salat verteilen.

Tipp: Sie können Orangen und Orangensaft durch Mandarinen und Mandarinensaft ersetzen – eine köstliche Alternative!

Sobanudel-Salat
mit Tahin-Dressing

Für 4 Personen

300 g Schlangen- oder grüne Bohnen
300 g Sobanudeln (japanische Buch-
    weizennudeln)
4 Frühlingszwiebeln, in dünne Ringe
    geschnitten
1 EL schwarze Sesamsamen

Dressing
2 EL Tahin (Sesammus)
2 kleine Knoblauchzehen, zerdrückt
3 EL Reisessig
3 EL Olivenöl
1 TL Sesamöl
2 TL Sojasauce
1 EL Zucker

Die Bohnen schräg in lange Stücke
schneiden. In einem Topf reichlich
Salzwasser aufkochen lassen. Die
Bohnen für 2–3 Minuten hineingeben
– sie sollen nur knapp gar werden.
Abgießen und mit kaltem Wasser
abschrecken und abtropfen lassen.

Die Nudeln in reichlich kochendem
Wasser 3–4 Minuten garen. Abgießen,
mit kaltem Wasser abschrecken und
abtropfen lassen.

Die Zutaten für das Dressing in ein
Schraubdeckelglas geben. Das Glas
verschließen und kräftig schütteln.
Das Dressing mit Salz und Pfeffer aus
der Mühle abschmecken.

Die Bohnen in einer großen Schüssel
mit Nudeln, Frühlingszwiebeln und
Sesam mischen. Unmittelbar vor dem
Servieren das Dressing untermischen.

Gebackener Kürbis mit Garnelen und Rucola

Für 4 Personen

800 g Kürbis, geschält und in 3 cm
    große Würfel geschnitten
2 kleine rote Zwiebeln, in dicke
    Spalten geschnitten
1 EL Öl
2 Knoblauchzehen, zerdrückt
500 g gegarte Garnelen, geschält
    und entdarmt
200 g zarte Rucolablätter
1–2 EL Balsamico-Essig
1 EL Olivenöl

Den Backofen auf 200 °C vorheizen. Kürbiswürfel in einer großen Schüssel mit Zwiebelspalten, Öl und Knoblauch mischen. Das Ganze auf einem Backblech ausbreiten und 25–30 Minuten im Ofen backen, bis das Gemüse weich ist. Herausnehmen und in eine Servierschüssel füllen. Garnelen und Rucola behutsam untermischen.

Essig und Öl mit einem Schneebesen zu einem Dressing verrühren. Das Dressing mit Meersalz und schwarzem Pfeffer aus der Mühle abschmecken und über den Salat träufeln. Sofort servieren.

Grünes Gemüse und Hähnchenfleisch

Für 4 Personen

500 g Hähnchenbrustfilet
Saft von ½ Limette
4 Kaffirlimettenblätter, in Streifen
geschnitten
½ Zwiebel, geschält
6 schwarze Pfefferkörner
150 g grüner Spargel
150 g Dicke-Bohnen-Kerne (tiefge-
frorene aufgetaut)
200 g Prinzessbohnen

Dressing
1 EL Olivenöl
2 EL Zitronensaft
2 EL gehackte Estragonblätter

In einen großen Topf halb hoch Wasser füllen. Hähnchenfleisch, Limettensaft, Limettenblätter, Zwiebel und Pfefferkörner hineingeben. Die Flüssigkeit aufkochen, dann bei schwacher Hitze 3 Minuten köcheln lassen. Den Topf vom Herd nehmen und das Fleisch in der Brühe abkühlen lassen – dabei gart es noch nach.

Inzwischen die Zutaten für das Dressing sowie Salz und Pfeffer aus der Mühle in einer Schüssel verrühren; beiseitestellen.

Von den Spargelstangen die holzigen Enden abschneiden. In einem zweiten Topf Wasser aufkochen lassen; 1 Prise Salz hinzufügen. Bohnenkerne hineingeben, nach 1 Minute die grünen Bohnen und nach 1 weiterer Minute den Spargel. Alles noch 1 Minute im leicht kochenden Wasser garen. Abgießen, mit kaltem Wasser abschrecken und abtropfen lassen.

Spargelstangen längs in Streifen schneiden. Mit den grünen Bohnen in eine Schüssel geben. Bohnenkerne enthülsen; in die Schüssel geben.

Fleisch aus der Brühe nehmen und in dünne Scheiben schneiden. Mit dem Dressing in die Schüssel geben. Salat mischen. Sofort servieren.

Orecchiette mit Ofentomaten und Pesto

Für 4 Personen

150 ml Olivenöl
500 g Cocktailtomaten
5 Knoblauchzehen (nicht geschält!)
400 g Orecchiette oder andere
  muschelförmige Nudeln
100 g Pesto (Fertigprodukt)
3 EL Balsamico-Essig
Basilikumblätter, zum Garnieren

Den Backofen auf 180 °C vorheizen. 2 EL Öl in eine ofenfeste Form geben und im Ofen 5 Minuten erwärmen. Form herausnehmen, Tomaten und Knoblauch mit Salz und Pfeffer aus der Mühle hineingeben, alles mischen. Die Form wieder in den Ofen stellen und Tomaten und Knoblauch 20 Minuten rösten.

Inzwischen die Nudeln in kochendem Salzwasser nach Packungsangabe bissfest garen. Abgießen, gut abtropfen lassen und in eine große Servierschüssel geben.

Knoblauchzehen aus den Schalen in eine Schüssel drücken. Das restliche Öl, den Pesto, den Essig und 3 EL Garflüssigkeit von den Tomaten hinzufügen und alles zu einem Dressing verrühren. Das Dressing mit Salz und Pfeffer aus der Mühle abschmecken, zu den Nudeln geben und untermischen. Ofentomaten behutsam unterheben. Den Salat mit Basilikum garnieren und warm oder kalt servieren.

Pilze mit Hähnchenfleisch auf Blattsalaten

Für 4 Personen

1–2 EL Olivenöl
200 g kleine Champignons
200 g gemischte Pilze (z. B. Egerlinge und Shiitakepilze), größere Exemplare halbiert oder geviertelt
400 g gegartes Hähnchenfleisch, in Streifen geschnitten
200 g gemischte Blattsalate

Dressing
2 EL Limettensaft
1 EL Sojasauce
2 EL Olivenöl
1 EL süße Chilisauce
1 EL Rotweinessig

In einer Pfanne das Öl erhitzen. Die Pilze hineingeben und bei mittlerer Hitze in 2–3 Minuten weich braten. In eine große Schüssel geben und mit dem Hähnchenfleisch mischen.

Die Zutaten für das Dressing gut verrühren. Zwei Drittel des Dressings zu den warmen Pilzen geben.

Die Salatblätter in eine große Schale geben und mit dem restlichen Dressing anmachen. Die Pilz-Hähnchen-Mischung daraufgeben und den Salat warm servieren.

Couscous mit gegrilltem Gemüse

Für 4 Personen

1 kleine Aubergine, in Scheiben
  geschnitten
2 Zucchini, in Scheiben geschnitten
1 rote Paprikaschote, in Stücke
  geschnitten
1 grüne Paprikaschote, in Stücke
  geschnitten
1 rote Zwiebel, in Ringe geschnitten
2 EL bestes Olivenöl
1 EL Sesamöl
125 g Instant-Couscous
500 ml heiße Gemüsebrühe
3 Knoblauchzehen, zerdrückt
3 EL Sojasauce
3 EL Zitronensaft
3 EL Minzeblättchen

Auberginen- und Zucchinischeiben,
Paprikastücke und Zwiebelringe
in eine Schüssel geben. Oliven- und
Sesamöl darüberträufeln und alles
mischen. Eine Grillpfanne heiß werden
lassen. Das Gemüse darin braten,
bis es weich ist und Grillstreifen entstanden sind.

Couscous in eine Schüssel geben,
mit der heißen Brühe begießen und
10 Minuten quellen lassen, bis er die
Flüssigkeit aufgenommen hat, dann
mit einer Gabel auflockern. Gemüse
und Knoblauch hinzufügen.

Sojasauce und Zitronensaft miteinander verrühren. Mit den Minzeblättchen
zum Salat geben und alles behutsam
mischen. Salat warm servieren. Dazu
passt Fladenbrot.

Garnelen, Fenchel und Brunnenkresse

Für 4 Personen

800 g große rohe Garnelen, geschält
  und entdarmt
1 große Fenchelknolle, in dünne
  Streifen geschnitten
300 g Brunnenkresse
2 EL Schnittlauchröllchen
125 ml bestes Olivenöl
3 EL Zitronensaft
1 EL Dijonsenf
1 große Knoblauchzehe, fein
  gewürfelt

In einem Topf reichlich Wasser aufkochen. Die Garnelen hineingeben. Das Wasser erneut aufkochen und 2 Minuten köcheln lassen, bis die Garnelen rosa und nicht mehr glasig sind. Abgießen und die Garnelen abkühlen lassen. Diese mit Küchenpapier trocken tupfen und anschließend längs halbieren.

Die Garnelen mit dem Fenchel, der Brunnenkresse und den Schnittlauchröllchen in eine Schüssel geben und alles gut mischen.

Öl, Zitronensaft, Senf und Knoblauch mit einem Schneebesen zu einem Dressing verrühren. Mit Salz und geschrotetem Pfeffer abschmecken. Das Dressing auf den Salat gießen, und alles behutsam mischen. Den Salat auf Portionstellern anrichten und sofort servieren.

Grüne Bohnen mit gebackenen Pilzen

Für 4 Personen

600 g Champignons
2 EL Olivenöl
3 Knoblauchzehen, zerdrückt
2 EL Zitronensaft
6 Schalotten, nur von den Wurzelenden befreit (nicht geschält!)
1½ EL Estragonessig
2 TL fein gehackter Estragon
1 EL fein gehackte glatte Petersilie
200 g Prinzessbohnen
2 Handvoll Rucola

Den Backofen auf 200 °C vorheizen. Die Pilze nebeneinander in eine große ofenfeste Form legen. Öl, Knoblauch, Zitronensaft und Schalotten hinzufügen und alles behutsam mischen. Im Ofen 30 Minuten rösten, dabei gelegentlich mit Garsud beschöpfen. Herausnehmen und auf Raumtemperatur abkühlen lassen. Schalotten aus den Häuten drücken.

Den Garsud in eine große Schüssel gießen. Essig, Estragon und Petersilie hinzufügen; alles zu einem Dressing verrühren. Mit Salz und Pfeffer aus der Mühle abschmecken.

Die Bohnen in kochendem Salzwasser in etwa 2 Minuten bissfest garen; noch heiß zum Dressing geben. Auf Raumtemperatur abkühlen lassen.

Die Pilze vierteln, große Exemplare achteln. Mit Schalotten und Rucola zu den Bohnen geben; alles behutsam mischen. Den Salat auf einer Servierplatte anrichten oder auf vier Salatschalen verteilen.

Birnen und dreierlei Bohnen

Für 4 Personen

1 Dose rote Kidneybohnen (Abtropf-
gewicht 125 g)
2 Birnen, von den Kerngehäusen
befreit und in Stücke geschnitten
(nicht geschält!)
50 g Mungobohnensprossen
125 g gegarte grüne Bohnen, schräg
in Stücke geschnitten
4 Frühlingszwiebeln, in Ringe
geschnitten
100 g abgespülte, abgetropfte Soja-
bohnenkerne (aus der Dose; oder
Tiefkühlware)
1 EL Mohnsamen

Dressing
3 EL Olivenöl
1 TL Weißweinessig
½ TL Zucker
1 Knoblauchzehe, zerdrückt

Die Kidneybohnen in ein Sieb schüt-
ten, abspülen und abtropfen lassen.
Mit Birnen, Bohnensprossen, grünen
Bohnen, Frühlingszwiebelringen und
Sojabohnen in eine Schüssel geben.
Alles behutsam mischen.

Für das Dressing Öl, Essig, Zucker,
Knoblauch und 3 EL Wasser verrühren. Das Dressing mit Salz und Pfeffer
aus der Mühle abschmecken; unter
das Gemüse mischen. Den Salat vor
dem Servieren 1 Stunde durchziehen
lassen und kurz vor dem Servieren
mit Mohn bestreuen.

Tipp: Am besten schmeckt der Bir-
nen-Bohnen-Salat, wenn Sie ihn am
Vortag zubereiten und über Nacht
im Kühlschrank durchziehen lassen.

Rote Bete mit Ziegenkäse

Für 4 Personen

1 kg Rote Bete (etwa 4 Knollen
 mit Blättern)
200 g grüne Bohnen
1 EL Rotweinessig
2 EL bestes Olivenöl
1 Knoblauchzehe, zerdrückt
1 EL Kapern, grob gehackt
100 g fester Ziegenfrischkäse

Von den Rote-Bete-Knollen die Blätter abschneiden. Knollen unter kaltem Wasser abbürsten, die Blätter gründlich waschen. Die Knollen in kochendem Wasser zugedeckt in 30 Minuten weich garen; zur Garprobe mit einem Messer hineinstechen. (Die Garzeit hängt von der Größe der Knollen ab.)

Inzwischen reichlich Wasser aufkochen. Die Bohnen für etwa 3 Minuten hineingeben, bis sie knapp gar sind, dann mit einem Schaumlöffel herausheben und in kaltem Wasser abschrecken. Gut abtropfen lassen. Die Rote-Bete-Blätter in den Topf geben und 3–5 Minuten kochen, bis Stiele und Blätter weich sind. Abgießen, abschrecken und abtropfen lassen. Die Rote-Bete-Knollen abgießen und etwas abkühlen lassen.

Inzwischen Essig, Öl, Knoblauch und Kapern zu einem Dressing verrühren. Das Dressing mit Salz und Pfeffer aus der Mühle abschmecken.

Küchenhandschuhe anziehen. Rote Bete schälen und in schmale Spalten schneiden. Zum Servieren Bohnen, Rote-Bete-Spalten und -Blätter auf vier Salatschalen verteilen. Den Käse darüberbröckeln und die Portionen mit dem Dressing beträufeln.

Kartoffelsalat mit gebratenen Zwiebeln und Bacon

Für 10 Personen

2 EL Öl
6 rote Zwiebeln, in dünne Ringe
geschnitten
1 kg kleine festkochende Kartoffeln,
ungeschält
4 Scheiben Bacon, ohne Schwarte
1 Bund Schnittlauch, in Röllchen
geschnitten

Dressing
250 g Salatmayonnaise
1 EL Dijonsenf
Saft von 1 Zitrone
2 EL saure Sahne

In einer großen Pfanne mit schwerem Boden 2 EL Öl heiß werden lassen. Die Zwiebelringe darin bei mittlerer Hitze in 30 Minuten weich braten.

Kartoffeln in große Stücke schneiden (sehr kleine Exemplare ganz lassen). In kochendem Wasser etwa 10 Minuten garen, bis sie gar sind. Abgießen und etwas abkühlen lassen (nicht zu lange garen, damit die Kartoffeln nicht auseinanderfallen).

Den Bacon in einer Pfanne knusprig braten. Auf Küchenpapier abtropfen und etwas abkühlen lassen, dann in kleine Stücke schneiden.

Einige Schnittlauchröllchen zum Garnieren beiseitelegen, die restlichen mit Kartoffeln und Zwiebeln in eine große Schüssel geben; alles gut mischen.

Mayonnaise, Senf, Zitronensaft und saure Sahne in eine Schüssel geben und mit einem Schneebesen zu einem Dressing verrühren. Unter den Salat mischen. Den Salat mit den Baconstücken und den restlichen Schnittlauchröllchen bestreuen.

Kartoffel-Avocado-Salat mit Garnelen

Für 4 Personen

800 g möglichst kleine festkochende
  Kartoffeln, ungeschält
500 g große rohe Garnelen mit
  Schwänzen, geschält und entdarmt
200 g Rucola, Stiele abgezupft
2 Avocados, gewürfelt

Dressing
125 ml Olivenöl
3 EL Rotweinessig
2 TL Senfpulver
2 EL gehackte Dillspitzen

Die Kartoffeln mit reichlich Salzwasser in einen Topf geben. Aufkochen, dann bei mittlerer Hitze in 12–15 Minuten weich garen (zur Garprobe mit einem Messer hineinstechen). Abgießen, ausdämpfen und etwas abkühlen lassen. Größere Exemplare in Scheiben schneiden, kleine ganz lassen; in eine Servierschüssel geben.

Die Zutaten für das Dressing in einer kleinen Schüssel gründlich mit einem Schneebesen verrühren. Das Dressing mit Salz und schwarzem Pfeffer aus der Mühle abschmecken. Zwei Drittel vom Dressing unter die Kartoffeln mischen, den Rest beiseitestellen.

Inzwischen eine Grillpfanne bei starker Hitze heiß werden lassen. Die Garnelen darin 2 Minuten braten, bis sie beginnen, rosa zu werden, dann wenden und 1 weitere Minute braten, bis sie nicht mehr glasig sind. Garnelen, Rucola, Avocadowürfel und das restliche Dressing zu den Kartoffeln geben; behutsam mischen. Servieren.

Tipp: Dieser Salat kann auch kalt serviert werden. Wenn Sie ihn im Voraus zubereiten, die Kartoffeln mit zwei Dritteln des Dressings anmachen. Garnelen, Avocado, Rucola und das restliche Dressing erst unmittelbar vor dem Servieren untermischen.

Gurken-Radieschen-Salsa und Lachs

Für 4 Personen

Salsa
1 große Salatgurke
2 Selleriestangen, in dünne Scheiben geschnitten
1 Schalotte, gewürfelt
1 Avocado, gewürfelt
20 kleine Radieschen (rot und/oder weiß), halbiert, große Exemplare geviertelt
1 kleine Handvoll Korianderblätter

Dressing
75 ml Olivenöl
2 EL Limettensaft
1 TL abgeriebene unbehandelte Limettenschale
1 Knoblauchzehe, zerdrückt
1 TL flüssiger Honig

4 kleine Stücke Lachsfilet, mit Haut
2–3 EL Olivenöl
1 kleine Handvoll Korianderblätter

Für die Salsa die Gurke schälen und längs halbieren. Die Samen mit einem Teelöffel herausschaben. Gurkenhälften quer in sehr dünne Scheiben schneiden; in eine Schüssel geben. Sellerie, Schalotte, Avocado, Radieschen und Koriander hinzufügen.

Für das Dressing das Öl mit Limettensaft und -schale, Knoblauch und Honig gut verrühren. Das Dressing mit Salz und schwarzem Pfeffer aus der Mühle abschmecken.

Lachsfilets dünn mit Olivenöl bestreichen, die Haut mit Salz bestreuen. Das restliche Öl in einer großen Pfanne bei starker Hitze heiß werden lassen. Fischfilets mit den Hautseiten nach unten hineingeben und sofort mit einer Palette daraufdrücken, damit sie flach bleiben. 1–2 Minuten braten, bis die Haut gleichmäßig braun und knusprig ist, dann wenden und bei mittlerer Hitze je nach Dicke 2–3 Minuten braten, bis der Fisch gar ist. Herausnehmen, auf Küchenpapier abtropfen und etwas abkühlen lassen.

Die Fischfilets noch warm quer zur Faser in je drei Streifen schneiden. Die Streifen in mundgerechte Stücke brechen und diese zur Salsa geben. Dressing und Koriandergrün hinzufügen und unterheben. Sofort servieren.

Pilze und Paprika
mit grünem Spargel

Für 4 Personen

150 g grüner Spargel
1 EL körniger Senf
75 ml Orangensaft
2 EL Zitronensaft
1 EL Limettensaft
1 EL abgeriebene unbehandelte
  Orangenschale
2 TL abgeriebene unbehandelte
  Zitronenschale
2 TL abgeriebene unbehandelte
  Limettenschale
2 Knoblauchzehen, zerdrückt
100 g Honig
400 g Champignons, halbiert
150 g Rucola
1 rote Paprikaschote, in Streifen
  geschnitten

Von den Spargelstangen die Enden abschneiden, die Stangen schräg halbieren. 1 Minute in kochendem Salzwasser bissfest garen, mit einem Schaumlöffel herausnehmen, in kaltem Wasser abschrecken; beiseitelegen.

Senf, Zitrussäfte und -schalen sowie Knoblauch und Honig mit Pfeffer aus der Mühle in einen großen Topf geben. Aufkochen lassen. Hitze reduzieren und die Pilze in den Topf geben. Unter Rühren 2 Minuten garen, dann abkühlen lassen.

Die Pilze mit einem Schaumlöffel aus der Sauce heben. Die Sauce erneut aufkochen, dann bei schwacher Hitze 3–5 Minuten köcheln lassen, bis sie sirupartig eingekocht ist. Etwas abkühlen lassen.

Die Pilze mit Rucola, Paprikastreifen und Spargel mischen. Den Salat auf einer Servierplatte anrichten und mit der Sauce beträufeln.

Spinat mit Aprikosen, Avocado, Sonnenblumenkernen und Sesam

Für 6 Personen

150 g Blattspinat
150 g Brunnenkresse, von harten
  Stielen befreit
100 g getrocknete Aprikosen, grob
  gewürfelt
100 g Parmesan, gehobelt
2 Avocados, geschält und in Spalten
  geschnitten
100 g Mungobohnensprossen
3 EL Sonnenblumenkerne
2 EL Sesamsamen

Dressing
1 EL bestes Olivenöl
2 EL Orangensaft
2 EL Balsamico-Essig
1 TL Honig
2 Knoblauchzehen, zerdrückt

Blattspinat, Brunnenkresse, Aprikosenwürfel, Parmesan und Avocadospalten auf einer großen Salatplatte anrichten. Sprossen, Sonnenblumenkerne und Sesam mischen und über den Salat streuen.

Das Olivenöl in einer kleinen Schüssel mit einem Schneebesen mit Orangensaft, Essig, Honig und Knoblauch zu einem Dressing verrühren. Das Dressing auf den Salat träufeln und behutsam unterheben. Den Salat sofort servieren. Dazu passt knuspriges Baguette.

Gefüllte Champignons auf Rucola und Eichblattsalat

Für 4 Personen

20 gleich große Champignons
75 g sehr kaltes Pesto (Glas)
100 g Rucola
1 grüner Eichblattsalat
12 kleine schwarze Oliven
50 g getrocknete Tomaten, in
  Streifen geschnitten
1 EL in Streifen geschnittenes
  Basilikum
Parmesanspäne, zum Servieren

Dressing
75 ml Olivenöl
1 EL Weißweinessig
1 TL Dijonsenf

Die Stiele der Pilze bündig mit den Hüten abschneiden, die verbleibenden Stielreste mit einem Kugelformer entfernen. Die Champignons mit dem Pesto füllen.

Die Zutaten für das Dressing mit einem Schneebesen verrühren. Das Dressing mit Salz und Pfeffer aus der Mühle abschmecken.

Rucola und Salatblätter auf einer Servierplatte anrichten. Gefüllte Pilze, Tomaten und Basilikum daraufgeben. Das Ganze mit dem Dressing beträufeln, mit Parmesanspänen bestreuen und sofort servieren.

Linsen-Reis-Salat auf indische Art

Für 6 Personen

200 g Naturreis
200 g braune Linsen
1 TL gemahlene Kurkuma
1 TL gemahlener Zimt
6 Kardamomkapseln
3 Sternanis
2 Lorbeerblätter
60 ml Sonnenblumenöl
1 EL Zitronensaft
250 g Brokkoliröschen
2 Möhren, in dünne Streifen (Julienne) geschnitten
1 Zwiebel, fein gewürfelt
2 Knoblauchzehen, zerdrückt
1 rote Paprikaschote, fein gewürfelt
1 TL Garam masala
1 TL gemahlener Koriander
250 g frische oder tiefgekühlte Erbsen (letztere aufgetaut)

Dressing
150 g Joghurt
1 EL Zitronensaft
1 EL gehackte Minze
1 TL Kreuzkümmelsamen

Reis und Linsen mit Kurkuma, Zimt, Kardamom, Sternanis und Lorbeerblättern in einem Topf gut verrühren. Aufkochen lassen, dann zugedeckt bei schwacher Hitze 50–60 Minuten garen, bis Reis und Linsen alle Flüssigkeit aufgenommen haben. Die ganzen Gewürze entfernen, die Reis-Linsen-Mischung in eine große Schüssel geben. 2 EL Öl mit dem Zitronensaft verschlagen und mit einer Gabel unter die Mischung ziehen.

Brokkoli und Möhren in wenig Salzwasser bissfest garen. Abgießen und in kaltem Wasser abschrecken.

Das restliche Öl in einer Pfanne heiß werden lassen. Zwiebel, Knoblauch und Paprika darin 2–3 Minuten pfannenrühren, dann Garam masala und Koriander hinzufügen und alles weitere 1–2 Minuten rühren. Erbsen hinzufügen und rühren, bis auch sie mit der Gewürzmischung überzogen sind. Alles mit einer Gabel unter die Linsenmischung ziehen. Zudecken, kalt stellen und auskühlen lassen.

Für das Dressing Joghurt, Zitronensaft, Minze und Kreuzkümmel sowie Salz und Pfeffer aus der Mühle verrühren. Den Salat auf Schalen verteilen oder auf einer Platte anrichten; das Dressing dazu servieren.

Tintenfischsalat mit Bohnen, Rucola und Petersiliendressing

Für 4 Personen

800 g küchenfertige kleine Kalmartuben, innen rautenförmig einge-
schnitten und in 4 cm große Rauten
geschnitten
2 EL Olivenöl
2 EL Limettensaft
150 g grüne Bohnen, quer halbiert
200 g Zuckerschoten
100g zarte Rucolablätter

Dressing
1 dicke Scheibe Weißbrot, entrindet
150 ml Olivenöl
3 EL gehackte Petersilie
2 TL abgeriebene unbehandelte
Zitronenschale
3 EL Zitronensaft
2 Sardellenfilets, fein gehackt
2 EL Kapern
1 Knoblauchzehe, zerdrückt

Die Kalmarstücke in einer Schüssel
mit Öl, Limettensaft und etwas Salz
und Pfeffer aus der Mühle mischen.
Schüssel zudecken und für 2 Stunden
kalt stellen.

Für das Dressing das Brot in Stücke
brechen und mit 2 EL Olivenöl beträufeln. Mit den Händen durchmischen,
bis das Öl aufgenommen ist. Das Brot
mit dem restlichen Öl und den weiteren Zutaten für das Dressing im Mixer
zu einer Paste verarbeiten. Falls sie
zu fest ist, mit etwas Zitronensaft und
Olivenöl verdünnen.

In einem Topf reichlich Salzwasser aufkochen. Bohnen darin in 2–3 Minuten
bissfest garen. Mit einem Schaumlöffel
herausheben, abschrecken und gut
abtropfen lassen. Zuckerschoten für
1 Minute in das kochende Salzwasser
geben, dann abgießen, abschrecken
und abtropfen lassen.

Inzwischen eine Grillpfanne sehr heiß
werden lassen. Kalmarstücke darin
portionsweise jeweils 3 Minuten braten, bis sie gar sind. Vom Herd nehmen, kurz abkühlen lassen. In einer
Schüssel mit Bohnen, Zuckerschoten
und Rucola mischen. 3 EL Dressing
unterheben. Salat auf einer Servierplatte anrichten, mit dem restlichen
Dressing beträufeln; servieren.

Geflügelsalat mit Chili-Paprika-Dressing

Für 4 Personen

Dressing
1 grüne Paprikaschote, grob
   gewürfelt
1–2 lange grüne Chilischoten, von
   den Samen befreit, gehackt
1 Knoblauchzehe, fein gewürfelt
1 Handvoll glatte Petersilie
1 Handvoll Basilikumblätter
3 Frühlingszwiebeln, fein gehackt
1 EL Zitronensaft
1 EL Olivenöl

400 g Hähnchenbrustfilet oder
   Putenschnitzel
50 g Brunnenkresse (ohne grobe
   Stiele)
3 Selleriestangen, in Scheiben
   geschnitten

Für das Dressing Paprika, Chili, Knoblauch, Petersilie und Basilikum in der Küchenmaschine pürieren. Das Püree in ein Sieb geben und 20 Minuten abtropfen lassen, dann in eine Schüssel geben und mit Frühlingszwiebeln, Zitronensaft und Öl verrühren. Das Dressing mit Salz und Pfeffer aus der Mühle abschmecken.

Inzwischen eine Grillpfanne bei mittlerer Hitze heiß werden lassen. Das Fleisch darin 6–8 Minuten braten, dann wenden und weitere 5 Minuten braten, bis sie gar sind (wie lange sie tatsächlich brauchen, hängt von der Dicke der Fleischstücke ab). Kurz abkühlen lassen, klein schneiden und in eine Schüssel geben.

Solange das Fleisch noch warm ist, das Dressing untermischen. Brunnenkresse und Selleriescheiben in einer Schüssel mischen. Das angemachte Hähnchenfleisch hinzufügen und behutsam unterheben. Den Salat sofort servieren.

Ausgebackene Artischocken mit Schinken und Rucola

Für 4 Personen

4 Artischocken
2 Eier
1 Scheibe Weißbrot, im Mixer zerkrü-
melt, mit Salz und Pfeffer gewürzt
25 g geriebener Parmesan
Olivenöl
8 Scheiben luftgetrockneter Schinken
(z. B. Serrano- oder Parmaschinken)
3 TL Weißweinessig
1 Knoblauchzehe, zerdrückt
150 g Rucola, von langen Stielen
befreit
Meersalzflocken (Fleur de sel),
zum Bestreuen
Parmesanspäne, zum Servieren
(nach Belieben)

Reichlich Wasser aufkochen lassen. Artischocken von den harten Außenblättern und den Stielen befreien, oben 2–3 cm abschneiden. Artischocken vierteln, vom »Heu« befreien und 2 Minuten kochen; abtropfen lassen.

Die Eier in einer Schüssel verquirlen. Brotkrumen in einer zweiten Schüssel mit dem Parmesan mischen. Die Artischockenviertel einzeln nacheinander in Ei wenden und in den Krumen wälzen. Eine Pfanne 2 cm hoch mit Öl füllen. Das Öl heiß werden lassen. Artischocken darin portionsweise in je 2–3 Minuten goldbraun ausbacken, dann herausnehmen und auf Küchenpapier abtropfen lassen.

In einer beschichteten Pfanne 1 EL Olivenöl bei mittlerer bis starker Hitze heiß werden lassen. Den Schinken darin in zwei Portionen in je 2 Minuten knusprig und goldbraun braten, dann aus der Pfanne heben.

Das in der Pfanne verbliebene Fett mit Essig und Knoblauch sowie etwas Salz und Pfeffer aus der Mühle zu einem Dressing verrühren. Rucola in eine Schüssel geben, mit der Hälfte des Dressings anmachen. Rucola, Artischocken und Schinken auf vier Portionsteller verteilen, mit dem restlichen Dressing beträufeln und mit Meersalzflocken bestreuen.

Warmer italienischer Nudelsalat

Für 6 Personen

300 g Fusilli (Spiralnudeln)
250 g Blumenkohlröschen
125 ml Olivenöl
16 Scheiben durchwachsener Speck
4 kleine Salbeiblätter
50 g Pinienkerne, geröstet
2 EL fein gewürfelte rote Schalotten
3 EL weißer Balsamico-Essig
1 kleine rote Chilischote, von den
  Samen befreit, fein gehackt
2 Knoblauchzehen, zerdrückt
1 TL Zucker
4 EL Orangensaft
1 EL fein gehackte Petersilie
35 g Parmesanspäne

Die Nudeln in reichlich kochendem Salzwasser nach Packungsangabe bissfest garen. Abgießen, mit kaltem Wasser abspülen, bis sie kalt sind, dann gut abtropfen lassen. Die Blumenkohlröschen für 3 Minuten in kochendes Wasser geben; abgießen und in kaltem Wasser abschrecken.

In einer beschichteten Pfanne 1 EL Olivenöl heiß werden lassen. Speck darin in 2 Minuten knusprig braten; auf Küchenpapier abtropfen lassen. Noch 1 EL Öl in die Pfanne geben und die Salbeiblätter darin in 1 Minute knusprig braten; auf Küchenpapier abtropfen lassen. Nudeln, Pinienkerne und Blumenkohl in einer Schüssel mischen.

Das restliche Olivenöl erhitzen. Die Schalottenwürfel darin in 2 Minuten glasig dünsten. Vom Herd nehmen. Essig, Chili, Knoblauch, Zucker, Orangensaft und Petersilie hinzufügen; alles zu einem Dressing verrühren. Das warme Dressing auf die Nudelmischung gießen; untermischen.

Den Speck über den Salat bröckeln, alles mit Salbeiblättern und Parmesanspänen bestreuen; warm servieren.

Meeresfrüchtesalat

Für 6–8 Personen

1 kg große Venusmuscheln
1 kg Miesmuscheln
350 g küchenfertige kleine Kalmartuben, in Ringe geschnitten
500 g rohe Garnelen mit Schwänzen, geschält und entdarmt
5 EL gehackte glatte Petersilie

Dressing
2 EL Zitronensaft
75 ml Olivenöl
1 Knoblauchzehe, zerdrückt

Muscheln abbürsten und entbarten. Beschädigte Exemplare und solche, die sich beim Daraufklopfen nicht öffnen, wegwerfen. Muscheln mit kaltem Wasser abspülen. Einen Topf knapp 2 cm hoch mit Wasser füllen. Muscheln darin zugedeckt 4–5 Minuten kochen, bis sie sich geöffnet haben. Aus dem Sud heben, ungeöffnete Exemplare wegwerfen. Muschelfleisch aus den Schalen lösen; in eine Schüssel geben.

In einem Topf 1 l Wasser aufkochen. Tintenfisch und Garnelen hineingeben. 3–4 Minuten garen, bis die Garnelen rosa und die Tintenfische weich sind; zum Muschelfleisch geben.

Die Zutaten für das Dressing mit einem Schneebesen verrühren. Das Dressing mit Salz und Pfeffer aus der Mühle abschmecken. Zu den Meeresfrüchten gießen, 4 EL Petersilie hinzufügen und alles gut mischen. Den Salat zudecken und 30–40 Minuten im Kühlschrank durchziehen lassen, dann mit der restlichen Petersilie bestreuen und servieren. Dazu passt knuspriges Baguette.

Garnelensalat mit zweierlei Bohnen

Für 6 Personen

200 g getrocknete Weiße-Bohnen-
Kerne
2 rote Paprikaschoten
300 g zarte grüne Bohnen
½ Ciabatta oder anderes knuspriges
Weißbrot vom Vortag
4 EL Olivenöl
800 g rohe Garnelen mit Schwänzen,
geschält und entdarmt
1 große Knoblauchzehe, gewürfelt
1 große Handvoll glatte Petersilie,
grob gehackt

Dressing
3 EL Zitronensaft
3 EL Olivenöl
2 EL Kapern, gehackt
1 TL Zucker (nach Belieben)

Die Bohnenkerne 8 Stunden oder besser über Nacht in kaltem Wasser einweichen. Anschließend abgießen und in einem Topf mit Wasser bedecken. Aufkochen und bei schwacher Hitze in 20–30 Minuten weich garen. Abgießen und mit kaltem Wasser abspülen. Den Backofengrill vorheizen.

Paprikaschoten putzen; in große, flache Stücke schneiden. Stücke grillen, bis die Haut angekohlt und blasig ist. In einen Gefrierbeutel geben und abkühlen lassen; häuten, in Streifen schneiden und zu den Bohnen geben.

In einem Topf schwach gesalzenes Wasser aufkochen lassen; die grünen Bohnen hineingeben. Sobald sie kräftig grün und knapp gar sind, abgießen und ebenfalls in die Schüssel geben.

Die Zutaten für das Dressing mit einem Schneebesen gut verrühren. Das Dressing abschmecken.

Das Brot in sechs Scheiben schneiden, die Scheiben vierteln. 3 EL Öl in einer Pfanne heiß werden lassen. Die Brotstücke darin 1–2 Minuten goldgelb braten, dann herausnehmen.

Das restliche Öl in der Pfanne erhitzen. Die Garnelen mit dem Knoblauch darin 2–3 Minuten braten. Mit Dressing, geröstetem Brot und Petersilie zum Salat geben; alles gut mischen.

Blattsalate mit Feta, Kräutern und Croûtons

Für 8 Personen

2 dicke Scheiben Weißbrot
200 g Feta (Schafskäse)
1 Knoblauchzehe, zerdrückt
1 EL gehackter Majoran
1 EL Schnittlauchröllchen
1 EL in Streifen geschnittenes
 Basilikum
2 EL Weißweinessig
75 ml Olivenöl
1 Lollo rosso
1 Kopfsalat

Den Backofen auf 180 °C vorheizen. Für die Croûtons die Brotscheiben entrinden und würfeln, die Brotwürfel nebeneinander auf ein Backblech geben. Im Ofen 10 Minuten rösten, bis sie knusprig und goldgelb sind, dann in eine Schüssel geben und auskühlen lassen.

Den Feta in kleine Würfel schneiden und diese in eine Schüssel geben. Für das Dressing Knoblauch, Majoran, Schnittlauch, Basilikum, Essig und Öl in ein Schraubdeckelglas geben. Das Glas schließen und kräftig schütteln. Dressing auf den Feta gießen. Die Schüssel mit Frischhaltefolie verschließen und den Feta 30 Minuten marinieren lassen, dabei gelegentlich umrühren.

Die Salatblätter in Stücke zupfen und in eine Servierschüssel geben. Den Feta mit dem Dressing und den Croûtons hinzufügen. Alles gut mischen.

Ofentomaten und Hähnchenfleisch

Für 6 Personen

250 g Cocktailtomaten oder kleine
  Rispentomaten
2 Knoblauchknollen, ungeschält
1 EL Olivenöl
1 Thymianzweig, in 3 Stücke
  geschnitten
1 gegrilltes Hähnchen
100 g zarte Rucolablätter
2 EL Kapern
1 EL Balsamico-Essig

Den Backofen auf 180 °C vorheizen. Tomaten mit Knoblauch, Öl und Thymian in eine ofenfeste Form geben und im Ofen 15 Minuten backen.

Inzwischen das Hähnchenfleisch von den Knochen lösen, die Haut entfernen. Das Fleisch in Stückchen schneiden und in einer Schüssel mit Rucola und Kapern mischen.

Die Tomaten aus dem Ofen nehmen und etwas abkühlen lassen; etwas zusammendrücken, damit der Saft austritt. Die Tomaten zur Hähnchenfleischmischung geben.

Den Thymian aus der Form nehmen und wegwerfen. Knoblauchzehen aus den Schalen drücken und mit dem Garsud in der Form verrühren. Den Essig hinzufügen und unterrühren. Die Mischung auf den Salat geben und untermischen. Sofort servieren.

Fenchel mit knusprigem Schinken

Für 4 Personen

Dressing
2 EL Sherry-Essig
3 EL Olivenöl

2 kleine Fenchelknollen
2 kleine Salatgurken
100 g schwarze Oliven
6 Scheiben luftgetrockneter Schinken (z.b. Serrano- oder San-Daniele-Schinken), in Streifen geschnitten
1 Handvoll Minzeblätter

Für das Dressing Öl und Essig mit Salz und Pfeffer aus der Mühle mit einem Schneebesen verrühren.

Von den Fenchelknollen das Grün, die Stängel und die feste äußere Schicht entfernen. Von den Knollen unten jeweils eine dünne Scheibe abschneiden, damit eine glatte Fläche entsteht. Die Knollen aufrecht auf ein Schneidebrett stellen und von oben in sehr dünne Scheiben schneiden. Die Fenchelscheiben in eine Schüssel geben und mit zwei Dritteln des Dressings begießen. Mischen und 2–4 Stunden durchziehen lassen.

Gurken längs halbieren, die Samen mit einem Teelöffel herausschaben. Die Gurkenhälften quer in etwa 1 cm dicke Scheiben schneiden und mit den Oliven in eine Schüssel geben.

Eine Pfanne bei starker Hitze heiß werden lassen. Den Schinken darin in etwa 2 Minuten knusprig braten.

Den Fenchel mitsamt der Marinade zu Gurken und Oliven geben Das restliche Dressing hinzufügen und alles mischen. Den Salat mit dem gebratenen Schinken und den Minzeblättern bestreuen und sofort servieren.

Gegrilltes Hähnchenfleisch und Sprossen

Für 4 Personen

250 g Hähnchenbrustfilet
1 EL Olivenöl
1 TL gemahlener Kreuzkümmel
1 TL gemahlener Koriander
1 EL Zitronensaft
1 Romanasalatherz, die Blätter grob
   in Stücke gezupft
50 g Erbsenkeimlinge (selbst gezogen,
   ersatzweise beliebige andere
   Keimlinge)

Dressing
200 g Joghurt
2 EL Kapern, gehackt
4 EL Zitronensaft

Die Hähnchenbrustfilets in eine Schale legen. Das Öl in einer kleinen Schüssel mit Kreuzkümmel, Koriander und Zitronensaft zu einer Marinade verrühren. Die Marinade zum Fleisch geben und die Filets damit einreiben. Zudecken und im Kühlschrank mindestens 1 Stunde (bis maximal 8 Stunden) durchziehen lassen.

Kurz vor dem Servieren die Zutaten für das Dressing mit etwas schwarzem Pfeffer aus der Mühle und 1–2 EL Wasser in einer Schüssel mit dem Schneebesen glatt verrühren.

Eine Grillpfanne bei mittlerer Hitze heiß werden lassen. Das Fleisch hineingeben und 6–8 Minuten braten, dann wenden und weitere 4 Minuten braten, bis es gar ist. Vom Herd nehmen und etwas abkühlen lassen, dann in Scheiben schneiden.

Romanasalat und Keimlinge in eine Schüssel geben. Fleisch und Dressing hinzufügen und alles mischen. Den Salat sofort servieren.

Warmer Nudelsalat mit gerösteten Tomaten und Bacon

Für 4 Personen

400 g Cocktailtomaten
6 Knoblauchzehen, ungeschält
2 EL Olivenöl
400 g kurze Nudeln (z. B. Rigatoni)
6 Scheiben durchwachsener Räucherspeck, ohne Schwarte
150 g Feta (Schafskäse), zerbröckelt
75 g schwarze Oliven
1 große Handvoll Basilikumblätter

Den Backofen auf 180 °C vorheizen. Tomaten und Knoblauch in eine ofenfeste Form geben, mit dem Öl beträufeln und mit Salz und Pfeffer aus der Mühle würzen. Alles kurz mischen, dann im Ofen 15–20 Minuten backen. Inzwischen die Nudeln in kochendem Salzwasser nach Packungsanweisung bissfest garen.

Eine beschichtete Pfanne bei starker Hitze heiß werden lassen. Den Bacon darin in 4–5 Minuten knusprig braten. Aus der Pfanne nehmen und in Streifen schneiden. Einige Nudeln in die Pfanne geben und schwenken, damit sie das Speckfett aufnehmen. Nach Geschmack salzen und pfeffern. Mit den restlichen Nudeln, dem Bacon, den Ofentomaten, dem Feta und den Oliven in eine große Schüssel geben und mischen.

Die Knoblauchzehen aus den Schalen drücken und unter den Garsud der Tomaten rühren. Die Mischung unter den Salat heben. Den Salat mit Basilikum garnieren und warm servieren.

Mediterraner Kichererbsensalat

Für 6 Personen

350 g getrocknete Kichererbsen
1 kleine Salatgurke
2 Tomaten
1 kleine rote Zwiebel
3 EL gehackte glatte Petersilie
60 g entsteinte schwarze Oliven

Dressing
1 EL Zitronensaft
60 ml Olivenöl
1 Knoblauchzehe, zerdrückt
1 TL flüssiger Honig

Die Kichererbsen in eine große Schüssel geben, mit kaltem Wasser bedecken und über Nacht einweichen.

Die Kichererbsen abgießen, in einen Topf geben und mit Wasser bedecken. Etwa 25 Minuten garen, bis sie knapp weich sind. Abgießen und abkühlen lassen.

Die Gurke längs halbieren und die Samen mit einem Teelöffel herausschaben. Die Gurkenhälften quer in 1 cm dicke Scheiben schneiden. Die Tomaten in etwa kichererbsengroße Stücke schneiden, die Zwiebel fein würfeln.

Kichererbsen, Gurkenscheiben, Tomatenstücke, Zwiebelwürfel, Petersilie und Oliven in eine Schüssel geben.

Die Zutaten für das Dressing mit einem Schneebesen verrühren. Das Dressing auf den Salat gießen und untermischen. Den Salat mit Raumtemperatur servieren.

Garnelensalat mit Reisnudeln

Für 4 Personen

250 g schmale Reisbandnudeln
700 g rohe Garnelen mit Schwänzen,
  geschält und entdarmt
1 EL Olivenöl
1 Möhre, in dünne Stifte (Julienne)
  geschnitten
1 kleine Salatgurke, von den Samen
  befreit, in dünne Stifte (Julienne)
  geschnitten
2½ große Handvoll Korianderblätter
80 g geröstete ungesalzene Erdnusskerne, gehackt
50 g Röstschalotten (siehe Tipp)

Dressing
125 ml Reisessig
1 EL geriebener Palmzucker
1 Knoblauchzehe, fein gewürfelt
2 Chilischoten, von den Samen
  befreit, fein gehackt
3 EL Fischsauce
3 EL Limettensaft
2 EL Erdnussöl

Die Nudeln nach Packungsanweisung garen oder quellen lassen; mit kaltem Wasser abspülen. Abtropfen lassen und in eine große Schüssel geben.

Inzwischen eine Grillpfanne sehr heiß werden lassen. Die Garnelen mit dem Öl mischen und 2–3 Minuten braten, bis sie nicht mehr glasig sind; vom Herd nehmen. Garnelen mit Möhren- und Gurkenstiften sowie Korianderblättern zu den Nudeln geben und alles mischen.

Für das Dressing Essig, Zucker und Knoblauch in einem kleinen Topf verrühren. Aufkochen; bei schwacher Hitze 3 Minuten etwas einkochen lassen. In eine Schüssel gießen, Chilis, Fischsauce und Limettensaft dazugeben. Nach und nach das Öl unterrühren. Mit Salz und Pfeffer aus der Mühle abschmecken.

Den Salat mit dem Dressing anmachen, mit Erdnüssen und Röstschalotten bestreuen und servieren.

Tipp: Röstschalotten erhalten Sie im Asienladen. Sie werden in der südostasiatischen Küche überwiegend zum Garnieren verwendet.

Kürbis-Brokkoli-Salat mit Kichererbsen und süßem Joghurtdressing

Für 4 Personen

1 Dose Kichererbsen (400 g)
750 g Butternusskürbisfleisch, in
  große Stücke geschnitten
1 EL Sojaöl
3 EL süße Chilisauce
300 g Brokkoliröschen, gedämpft
50 g Kürbiskerne
2 EL gehacktes Koriandergrün
2 EL Joghurt

Den Backofen auf 200 °C vorheizen. Die Kichererbsen in ein Sieb schütten und abtropfen lassen; mit den Kürbisstücken in eine ofenfeste Form geben. Das Sojaöl mit 2 EL Chilisauce verrühren; zu Kürbis und Kichererbsen geben und untermischen.

Kürbis und Kichererbsen im heißen Ofen 40 Minuten rösten, bis die Kürbisstücke weich sind. Alles in eine Salatschüssel geben und mit Brokkoliröschen, Kürbiskernen und Koriandergrün mischen.

Den Joghurt mit der restlichen Chilisauce zu einem Dressing verrühren. Das Dressing über den Salat gießen und behutsam untermischen.

Blattsalate mit Mango, Avocado und Garnelen

Für 4 Personen

Dressing
75 ml Olivenöl
1 EL Weißweinessig
1 EL Dijonsenf
1 TL abgeriebene unbehandelte
   Orangenschale

24 große Garnelen mit Schwänzen,
   geschält und entdarmt
1 kleine rote Zwiebel
2 Avocados, geschält
2 Mangos, geschält
1 Romanasalatherz
½ Eichblattsalat
½ Kopfsalat

Die Zutaten für das Dressing mit einem Schneebesen verrühren. Das Dressing mit Salz und schwarzem Pfeffer aus der Mühle abschmecken.

Eine Grillpfanne bei mittlerer Hitze heiß werden lassen. Die Garnelen mit etwas Dressing bestreichen, dann 5 Minuten braten, bis sie knusprig und nicht mehr glasig sind. In eine Schüssel geben.

Die Zwiebel längs in Streifen schneiden; Streifen ebenfalls in die Schüssel geben. Die Avocados in Spalten, die Mangos in Scheiben schneiden. Alles in die Schüssel geben.

Die Blattsalate von beschädigten Außenblättern befreien. Die verbleibenden Blätter in Stücke zupfen, die Stücke in die Schüssel geben. Das restliche Dressing dazugeben und vor dem Servieren alles kurz mischen.

Auberginensalat mit Schinken

Für 4 Personen

Dressing
2 EL Olivenöl
1½ EL Haselnussöl
1 EL spanischer Sherry-Essig
2 Knoblauchzehen, zerdrückt

2 kleine Auberginen
175 ml Olivenöl
½ Lollo rosso
1 kleine Handvoll Purpurbasilikum
250 g gelbe Cocktailtomaten
100 g luftgetrockneter Schinken
(z. B. Parma- oder Serrano-
schinken), in Scheiben

Die Zutaten für das Dressing in einer Schüssel gut verrühren. Mit Salz und schwarzem Pfeffer aus der Mühle abschmecken. 1 Stunde durchziehen lassen. Danach durch ein Sieb gießen, um den Knoblauch zu entfernen.

Die Auberginen längs in 1,5 cm dicke Scheiben schneiden. Die Enden wegwerfen. Die Auberginenscheiben in ein Sieb geben und mit 2–3 TL Salz bestreuen. Das Sieb ins Spülbecken stellen oder auf eine Schüssel setzen und die Auberginenscheiben 30 Minuten abtropfen lassen, dann abspülen und mit Küchenpapier trocken tupfen.

In einer Pfanne die Hälfte des Olivenöls bei mittlerer Hitze heiß werden lassen. Die Auberginenscheiben darin portionsweise jeweils 7–8 Minuten braten, bis sie etwas Farbe angenommen haben und schon weich sind; falls nötig, mehr Öl hinzufügen. Auf Küchenpapier abtropfen lassen. Die Salatblätter in Stücke zupfen und eine große Servierplatte damit auslegen. Auberginenscheiben, Basilikum und Cocktailtomaten dazugeben und kurz mischen. Die Schinkenscheiben dekorativ falten und auf dem Salat verteilen. Den Salat mit dem Dressing beträufeln; sofort servieren.

Kalmarsalat

Für 4 Personen

Dressing
2 große Knoblauchzehen, zerdrückt
2 TL geriebener frischer Ingwer
3 kleine rote Chilischoten, von den
    Samen befreit, quer in dünne Strei-
    fen geschnitten
2 EL geriebener Palmzucker oder
    2 EL brauner Zucker
2 EL Fischsauce
2 EL Limettensaft
½ TL Sesamöl

500 g küchenfertige Kalmartuben
6 Kaffirlimettenblätter
1 Stängel Zitronengras, nur der helle
    Teil, gehackt
3–4 rote Schalotten, in dünne Ringe
    geschnitten
1 kleine Salatgurke, längs halbiert,
    von den Samen befreit, die Hälften
    quer in dünne Scheiben geschnitten
3 EL gehacktes Koriandergrün
4 EL Minzeblätter
Röstschalotten (siehe Tipp Seite 101),
    zum Garnieren

Die Zutaten für das Dressing mit 1 EL
Wasser in einen kleinen Topf geben.
Bei schwacher Hitze rühren, bis der
Zucker sich aufgelöst hat, dann vom
Herd nehmen und abkühlen lassen.

Die Kalmartuben längs halbieren und
kalt abspülen. Die Innenseiten rauten-
fömig ein-, aber nicht durchschneiden.
Die Kalmarstücke in 3 cm große Stücke schneiden.

In einen Topf 1,25 l Wasser, Limettenblätter und Zitronengras geben. Aufkochen, dann bei schwacher Hitze
5 Minuten köcheln lassen. Die Hälfte
der Tintenfischstücke hineingeben.
30 Sekunden garen, bis sie beginnen,
sich aufzurollen, und nicht mehr glasig
sind. Dann mit einem Schaumlöffel
herausheben und warm halten. Mit
den restlichen Kalmarstücken ebenso
verfahren.

Kalmarstücke, Schalottenringe,
Gurkenscheiben, Koriandergrün und
Minze in eine große Schüssel geben.
Das Dressing hinzufügen und alles
gut mischen. Den Salat mit den Röst-
schalotten bestreuen und servieren.

Vorspeisen

Weiße-Bohnen-Salat mit Paprika und Rucola

Für 4 Personen

3 rote Paprikaschoten
1 Knoblauchzehe, zerdrückt
abgeriebene Schale von 1 unbehandelten Zitrone
4 EL grob gehackte glatte Petersilie
400 g gegarte weiße Bohnenkerne (siehe Tipp)
2 EL Zitronensaft
4 EL bestes Olivenöl
100 g Rucola

Die Paprikaschoten grillen, bis ihre Haut angekohlt und blasig ist. In einen Gefrierbeutel geben und abkühlen lassen, dann häuten, von Samen und Trennwänden befreien und in Streifen schneiden. Den Knoblauch mit Zitronenschale und Petersilie mischen. Die Bohnenkerne abspülen. Mit der Hälfte der Petersilienmischung, 1 EL Zitronensaft und 2 EL Olivenöl sowie Salz und Pfeffer aus der Mühle mischen. Rucola auf eine Platte geben und mit dem restlichen Zitronensaft und dem restlichen Olivenöl mischen.

Die Bohnen auf dem Rucola verteilen und die Paprikastreifen darauflegen. Restliche Petersilienmischung darübergeben. Den Salat mit Salz und Pfeffer aus der Mühle würzen und sofort servieren.

Tipp: Sie können Weiße-Bohnen-Kerne aus einer 400-g-Dose verwenden (abgespült und abgetropft). Oder Sie weichen 250 g getrocknete Bohnenkerne über Nacht ein und garen sie dann mit einem Schuss Öl und ohne Salz in kochendem Wasser 30–40 Minuten, bis sie weich sind.

Thunfisch und rosa Grapefruit auf Blattsalaten

Für 6 Personen

4 rosa Grapefruits
Öl zum Braten
3 Thunfischsteaks
150 g Rucola und grüner Eichblattsalat, gemischt
1 rote Zwiebel, in Ringe geschnitten

Dressing
2 EL Mandelöl
2 EL Himbeeressig
½ TL Zucker
1 EL in Streifen geschnittene
Minzeblätter

Von den Grapefruits oben und unten jeweils eine Scheibe abschneiden. Die Früchte so dick schälen, dass die weiße Haut mit entfernt wird. Die Fruchtfilets aus den Trennwänden lösen und in eine Schüssel geben.

Eine Grillpfanne heiß werden lassen und dünn mit Öl auspinseln. Die Fischsteaks darin pro Seite 3–4 Minuten braten (dann sind sie innen noch etwas rot). Abkühlen lassen und in Streifen schneiden oder zerpflücken.

Die Zutaten für das Dressing in ein Schraubdeckelglas geben. Das Glas verschließen und kräftig schütteln.

Rucola und Eichblattsalat auf vier Teller verteilen. Grapefruitfilets, Thunfischstreifen und Zwiebelringe darauf anrichten. Die Portionen mit dem Dressing beträufeln und servieren.

Grüne-Linsen-Salat mit Ricotta

Für 4 Personen

100 g grüne oder Puy-Linsen
3 EL bestes Olivenöl, mehr für
die Linsen
1 Knoblauchzehe, ungeschält
3 EL Zitronensaft oder Rotweinessig
2 EL Basilikum-, Minze- oder
Petersilienblätter
2 große rote Paprikaschoten, gegrillt,
gehäutet, von den Samen und
Trennwänden befreit und in Streifen
geschnitten
100 g Brunnenkresse- und Spinatblätter, gemischt
100 g Ricotta

Die Linsen mit Wasser, einem Schuss Olivenöl und der Knoblauchzehe in einen Topf geben. Aufkochen, dann 25–30 Minuten köcheln lassen, bis sie gerade eben weich sind. Abgießen und gut abtropfen lassen, die Knoblauchzehe häuten und zerdrücken. Linsen und Knoblauch in einer Schüssel mit 1 EL Olivenöl und 1 EL Zitronensaft mischen.

Die Kräuter mit 2 EL Olivenöl und dem restlichen Zitronensaft (2 EL) pürieren oder fein hacken. Mit Salz und Pfeffer aus der Mühle abschmecken. Rucola und Spinat auf Teller verteilen. Die Paprikastreifen daraufgeben und den Ricotta mit einem Löffel daneben anrichten. Unmittelbar vor dem Servieren die Kräuter-Öl-Mischung darübergeben. Dazu passt knuspriges Baguette.

Caesar-Salat mit Sardinen

Für 4 Personen

Dressing
1 Ei
2 Knoblauchzehen
2 EL Zitronensaft
½ TL Worcestersauce
3–4 Sardellenfilets
125 ml bestes Olivenöl

100 g Semmelbrösel
50 g Parmesan, gerieben
2 EL gehackte Petersilie
2 Eier, leicht verquirlt
75 ml Milch
16 Sardinen ohne Köpfe und Mittel-
   gräte, geschuppt und aufgeklappt
Öl, zum Frittieren
12 kleine Pappadams (indisches
   Knusperbrot)
2 Romanasalatherzen, die Blätter
   abgelöst
8 Scheiben luftgetrockneter Schinken,
   knusprig gebraten
50 g Parmesan, gehobelt

Für das Dressing das Ei im Mixer mit
Knoblauch, Zitronensaft, Worcestersauce und Sardellen mischen. Bei
laufendem Motor das Öl in dünnem
Strahl dazugießen, bis das Dressing
cremig ist. Das Dressing bis zum
Servieren beiseitestellen.

Semmelbrösel, geriebenen Parmesan
und Petersilie in eine Schüssel geben
und gut mischen. Die verquirlten Eier
mit der Milch in eine zweite Schüssel
geben und mit einem Schneebesen
verrühren. Die Sardinen zuerst in der
Eiermilch, dann in der Bröselmischung
wenden. Auf ein mit Backpapier be-
legtes Backblech legen und 1 Stunde
kalt stellen.

Die Fritteuse oder einen großen Topf
ein Drittel hoch mit Öl füllen. Das Öl
auf 180 °C erhitzen – ein Brotwürfel
bräunt darin in 15 Sekunden. Die Pappadams darin knusprig ausbacken,
auf Küchenpapier abtropfen lassen
und anschließend in Stücke brechen.
Die Sardinen portionsweise frittieren,
bis sie knusprig und goldbraun sind.

Eine Servierplatte mit den Salatblättern auslegen. Schinken, Pappadam-
stücke und Parmesan darauf anrichten. Das Dressing darüberträufeln
und die Sardinen auf den Salat legen.

Thailändischer Tofu-Salat

Für 4 Personen

2 TL süße Thai-Chilisauce
½ TL geriebener frischer Ingwer
1 Knoblauchzehe, zerdrückt
2 TL Sojasauce
2 EL Öl
250 g fester Tofu
100 g Zuckerschoten
2 kleine Möhren
100 g Rotkohl
2 EL gehackte Erdnusskerne

Die Chilisauce in einer kleinen Schüssel mit Ingwer, Knoblauch, Sojasauce und Öl zu einer Marinade verrühren. Den Tofu in eine Schüssel geben und mit der Marinade begießen. Beides mischen. Die Schüssel mit Frischhaltefolie verschließen und für 1 Stunde in den Kühlschrank stellen.

Die Zuckerschoten in 3 cm breite Stücke schneiden. In einen kleinen Topf geben und mit kochend heißem Wasser bedecken. Nach 1 Minute abgießen und kurz in Eiswasser geben. Herausnehmen und gut abtropfen lassen. Die Möhren in Stifte schneiden, den Rotkohl in dünne Streifen schneiden oder hobeln.

Zuckerschoten, Möhrenstifte und Rotkohlstreifen zum Tofu geben und alles kurz mischen. Den Salat in eine Schüssel füllen oder auf einer Platte anrichten, mit Erdnüssen bestreuen und sofort servieren.

Rote-Bete-Salat
mit Blutorangen

Für 4 Personen

100 g Paranuss- oder Walnusskerne
100 g Brunnenkresse, Spinat und
   Rote-Bete-Blätter, gemischt
250 g Rote Bete, gegart und geschält
   (Vakuum-Pack)
2 Blutorangen
1 EL Walnuss- oder Sesamöl
1 EL Zitronensaft oder weißer
   Balsamico-Essig

Den Backofen auf 180 °C vorheizen. Die Nüsse auf ein Backblech geben und im heißen Ofen 10 Minuten rösten. Herausnehmen, abkühlen lassen und grob hacken. Kresse-, Spinat- und Rote-Bete-Blätter auf einer großen Servierplatte anrichten. Rote-Bete-Knollen in Scheiben schneiden, diese auf den Blättern anordnen.

Die Orangen so dick schälen, dass die weiße Haut mit entfernt wird. Die Fruchtfilets über einer Schüssel aus den Trennhäuten schneiden und zu den Rote-Bete-Scheiben geben. Den aufgefangenen Saft mit Öl und Zitronensaft bzw. Balsamico zu einem Dressing verrühren. Das Dressing mit Salz und Pfeffer aus der Mühle abschmecken.

Den Salat mit dem Dressing beträufeln, mit den Nüssen bestreuen und sofort servieren.

Wildreissalat mit Bohnen und Bacon

Für 4 Personen

100 g getrocknete Borlottobohnen-
   kerne oder rote Bohnenkerne, über
   Nacht in kaltem Wasser eingeweicht
4 Knoblauchzehen, fein gewürfelt
1 Lorbeerblatt
3 EL Olivenöl
100 g Wildreis oder eine Mischung
   aus Wild- und Basmatireis
1 kleine Zwiebel, fein gewürfelt
100 g Bacon (Frühstücksspeck) in
   Streifen
1 EL gehackter Salbei
25 g getrocknete Feigen, grob
   gehackt
100 g Pecannuss- oder Cashewkerne,
   leicht geröstet

Die Bohnen abspülen und abtropfen lassen, dann mit reichlich Wasser in einen großen Topf geben. Aufkochen lassen und abschäumen. 2 Knoblauchzehen, das Lorbeerblatt sowie 1 EL Olivenöl hinzufügen und die Bohnen in etwa 45 Minuten weich garen; anschließend abgießen und gut abtropfen lassen.

Den Reis in reichlich schwach gesalzenem Wasser in etwa 40 Minuten weich garen. Abgießen und abtropfen lassen. Das restliche Öl in einer Pfanne erhitzen, Zwiebel und Speck darin 5 Minuten braten, bis die Zwiebelwürfel glasig und die Speckstreifen knusprig sind.

Salbei, Feigen und restlichen Knoblauch hinzufügen und 5 Minuten unter gelegentlichem Rühren mitbraten. Bohnen, Reis und Nüsse hinzufügen und unterrühren, das Ganze mit Salz und Pfeffer aus der Mühle abschmecken.

Räucherfischsalat mit Linsen

Für 6 Personen

250 g braune Linsen
1 Zwiebel, fein gewürfelt
1 Lorbeerblatt
500 g geräucherter Fisch (z. B.
   Forelle), ohne Haut
1 EL gehackte Dillspitzen
3 Frühlingszwiebeln, gehackt
100 g Gewürzgurken, gewürfelt
100 g getrocknete Paprikaschoten,
   gewürfelt

Dressing
2 Knoblauchzehen, zerdrückt
2 EL Mayonnaise
60 g Joghurt
2 EL Schnittlauchröllchen

Die Linsen mit Zwiebel und Lorbeerblatt in einen Topf geben und mit Wasser bedecken. Aufkochen, dann bei schwacher Hitze 25–30 Minuten köcheln lassen, bis die Linsen gerade weich sind. Abgießen und abkühlen lassen. Vorsicht: Garen die Linsen zu lange, zerfallen sie.

Einen Topf halb hoch mit Wasser füllen. Das Wasser aufkochen lassen. Den Fisch hineingeben. Hitze reduzieren und den Fisch im schwach köchelnden Wasser 10 Minuten ziehen lassen, bis er sich leicht zerpflücken lässt (an einer Stelle mit einer Gabel testen). Abgießen und etwas abkühlen lassen, dann in große Stücke zerpflücken.

Dill, Frühlingszwiebeln, Gewürzgurken und Paprika unter die Linsen mischen. Die Fischstücke unterheben.

Die Zutaten für das Dressing in einer Schüssel verrühren. Mit Salz und Pfeffer aus der Mühle abschmecken, dann unter den Salat mischen.

Tipp: Sie können den Salat bis zu 3 Stunden im Voraus zubereiten. Das Dressing sollte aber erst unmittelbar vor dem Servieren an den Salat gegeben werden.

Salat mit Zuckererbsen, Möhren und Cashewkernen

Für 4 Personen

100 g Cashewkerne
175 g Zuckererbsen
125 g Möhre
150 g Rotkohl

Dressing
3 EL Sesamöl
2 EL Sonnenblumenöl
2 EL Reis- oder Weißweinessig
1 TL geriebener oder fein gehackter
   frischer Ingwer
1 EL helle Sojasauce

Den Backofen auf 200 °C vorheizen. Die Cashewkerne auf ein Backblech geben und im Ofen in etwa 5 Minuten goldbraun rösten. Herausnehmen, abkühlen lassen und grob hacken.

Die Zuckererbsen schräg quer halbieren. 1 Minute dämpfen oder im Mikrowellengerät erhitzen, dann herausnehmen und abkühlen lassen. Die Möhre mit dem Sparschäler in dünne Streifen schneiden und den Rotkohl in feine Streifen schneiden oder hobeln.

Die Zutaten für das Dressing in eine Salatschüssel geben und mit einem Schneebesen verrühren. Mit Salz und Pfeffer aus der Mühle abschmecken. Gemüse und die Hälfte der Cashewkerne hinzufügen und alles mischen. Die restlichen Cashewkerne auf den Salat streuen.

Nizza-Salat

Für 4 Personen

3 Eier
2 Dosen Thunfisch naturell (je 190 g)
60 ml Olivenöl
1 EL Weißweinessig
1 kleine Knoblauchzehe, zerdrückt
300 g Eissalat, in Streifen geschnitten
12 Cocktailtomaten, geviertelt
100 g zarte grüne Bohnen, blanchiert
1 kleine rote Paprikaschote, in dünne
Streifen geschnitten
1 Selleriestange, in 5 cm lange Stifte
geschnitten
1 kleine Salatgurke, von den Samen
befreit, in etwa 5 cm lange Stifte
geschnitten
12 schwarze Oliven, entsteint und
halbiert
4 Sardellenfilets, fein gehackt (nach
Belieben)

Die Eier mit kaltem Wasser in einen
Topf geben. Wasser aufkochen und
die Eier bei schwacher Hitze 10 Minuten köcheln lassen, dabei in den ersten Minuten rühren, damit die Eigelbe
in der Mitte der Eier bleiben. Die Eier
herausnehmen, mit kaltem Wasser
abschrecken, dann pellen und vierteln.

Den Thunfisch in ein Sieb geben und
abtropfen lassen. Das Olivenöl in einer
kleinen Schüssel mit Essig und Knoblauch zu einem Dressing verrühren.

Eissalat, Tomatenviertel, Bohnen,
Paprikastreifen, Sellerie- und Gurkenstifte, Thunfisch, Oliven und Sardellen
(falls verwendet) in eine große Schüssel geben. Das Dressing hinzufügen
und alles gut mischen. Den Salat
mit den Eivierteln garnieren und mit
knusprigem Baguette servieren.

Kichererbsensalat mit Petersilie

Für 6 Personen

1 Dose Kichererbsen (400 g)
3 große Tomaten
2 EL gehackte Petersilie
2 TL gehackte Minze
2 1/2 EL Joghurt
2 EL Zitronensaft

Die Kichererbsen in ein Sieb schütten, kalt abspülen und abtropfen lassen. Die Tomaten in etwa 1 cm große Würfel schneiden. Diese mit Kichererbsen, Petersilie und Minze in eine große Schüssel geben.

Den Joghurt in einer kleinen Schüssel mit dem Zitronensaft zu einem Dressing verrühren. Das Dressing auf den Salat gießen und alles gut mischen. Den Salat mit Salz und Pfeffer aus der Mühle abschmecken.

Marinierte Paprikaschoten

Für 6 Personen

3 rote Paprikaschoten
3 Zweige Thymian
1 Knoblauchzehe, in dünne Scheiben
geschnitten
2 EL glatte Petersilie, grob gehackt
1 Lorbeerblatt
1 Frühlingszwiebel, in Ringe
geschnitten
60 ml bestes Olivenöl
2 EL Rotweinessig
1 TL edelsüßes Paprikapulver

Den Backofengrill vorheizen. Paprikaschoten vierteln und putzen. Die Viertel mit den Hautseiten nach oben grillen, bis die Haut angekohlt und blasig
ist, dann in einen Gefrierbeutel geben
und abkühlen lassen. Paprikaviertel
häuten und in dünne Streifen schneiden. Diese mit Thymian, Knoblauch-
scheiben, Petersilie, Lorbeerblatt und
Frühlingszwiebelringen in eine Schüssel geben und alles gut mischen.

Das Olivenöl in einer kleinen Schüssel
mit Essig, Paprikapulver sowie Salz
und Pfeffer aus der Mühle zu einer
Marinade verrühren. Das Dressing zur
Paprikamischung geben. Die Schüssel mit Frischhaltefolie verschließen
und für mindestens 3 Stunden, besser
aber über Nacht in den Kühlschrank
stellen. Etwa 30 Minuten vor dem
Servieren herausnehmen.

Waldorf-Salat

Für 4–6 Personen

2 rotschalige Äpfel
2 grünschalige Äpfel
2 EL Zitronensaft
30 g gehackte Walnusskerne
4 Selleriestangen, in Scheiben
  geschnitten
250 g Salatmayonnaise
gemischte Blattsalate, zum Anrichten

Die Äpfel vierteln, von den Kerngehäusen befreien und würfeln.

Die Apfelwürfel in eine Schüssel geben und mit dem Zitronensaft mischen, damit sie nicht braun werden. Nüsse und Selleriescheiben hinzufügen und unterheben.

Die Mayonnaise zur Apfelmischung geben und untermischen, bis alle Stücke davon überzogen sind. Eine Salatschüssel mit Salatblättern auskleiden. Den Salat hineingeben und sofort servieren.

Tipp: Waldorf-Salat kann man bis zu 2 Stunden im Voraus zubereiten. Bis zum Servieren zugedeckt im Kühlschrank aufbewahren.

Info: Seinen Namen verdankt der beliebte Salat dem Hotel Waldorf-Astoria in New York, wo er zum ersten Mal serviert wurde.

Orangensalat mit Datteln

Für 4–6 Personen

6 Navel-Orangen
2 TL Orangenblütenwasser
8 Datteln, entkernt, längs in dünne
  Scheiben geschnitten
75 g gehobelte Mandeln
1 EL Minzeblätter, in Streifen
  geschnittten
$1/4$ TL Ras el hanout (siehe Tipp) oder
  gemahlener Zimt

Die Orangen so dick schälen, dass die weiße Haut mitentfernt wird. Die Filets aus den Trennhäuten schneiden und in eine Schüssel geben. Den Saft aus den Überbleibseln der Orangen darüber ausdrücken. Das Orangenblütenwasser hinzufügen und untermischen. Schüssel mit Frischhaltefolie verschließen und in den Kühlschrank stellen, bis die Orangenfilets ganz durchgekühlt sind.

Die gehobelten Mandeln in einer Pfanne ohne Fett bei mittlerer Hitze unter ständigem Rühren rösten, bis sie goldbraun sind. Vorsicht: Sie verbrennen schnell!

Die Orangenfilets mitsamt dem Saft auf einer großen Servierplatte anrichten. Datteln und Mandeln darüber verteilen. Dann Minze und Ras el hanout oder Zimt darüberstreuen. Den Salat eiskalt servieren.

Tipp: Ras el hanout ist eine marokkanische Gewürzmischung.

Japanischer Nudelsalat mit Garnelen und Gurken

Für 4 Personen

2 kleine Salatgurken
1 EL getrocknete kurze Wakamestreifen (japanische Algen; nach
Belieben)
100 g Somen-Nudeln (japanische Weizennudeln)
12 gegarte Riesengarnelen, geschält,
entdarmt, längs halbiert
3 Frühlingszwiebeln, schräg in dünne
Ringe geschnitten
japanisches Sieben-Gewürze-Pulver
(Shichimi togarashi; nach Belieben)

Dressing
1/2 TL Instant-Dashi (japanische
Instant-Fischbrühe)
125 ml japanischer Reisessig
60 ml Mirin (süßer japanischer Reiswein)
1 TL japanische Sojasauce (Shoyu)
2 TL fein geriebener frischer Ingwer
1 Prise Zucker
1/2 TL Sesamöl

Die Gurken längs halbieren. Die
Samen mit einem Teelöffel herausschaben, die Gurkenhälften schräg
quer in dünne Scheiben schneiden.
Die Scheiben in einen Durchschlag
geben, mit Salz bestreuen und etwa
10 Minuten ziehen lassen. Anschließend abspülen, gut abtropfen lassen
und kräftig ausdrücken. Bis zur Verwendung in den Kühlschrank geben.

Inzwischen die Wakamestreifen etwa
5 Minuten in kaltem Wasser einweichen, bis sie prall sind und glänzen.

Für das Dressing das Dashi-Granulat
in 1 EL heißem Wasser auflösen. Restliche Zutaten hinzufügen und alles
verrühren. Das Dressing kalt stellen.

Die Nudeln nach Packungsangabe
garen. Sobald sie weich sind, abgießen und kalt abspülen, bis sie aus-
gekühlt sind.

Gurkenscheiben, Wakame, Nudeln,
Garnelen und die Hälfte der Frühlingszwiebelringe in einer großen Schüssel
mischen. Das Dressing dazugießen
und gut untermischen. Den Salat mit
den restlichen Zwiebelringen und
(nach Belieben) mit Sieben-Gewürze-
Pulver bestreuen und sofort servieren.

Scharfer Garnelensalat mit Papaya

Für 4 Personen

Dressing
3 EL Olivenöl
3 EL Limettensaft
1 EL Fischsauce
2 TL geriebener Palmzucker (siehe Tipp)
1 TL fein gehackte, von den Samen befreite rote Chilischote

800 g gegarte Riesengarnelen
400 g Papaya
1 kleine rote Zwiebel, in dünne Ringe geschnitten
2 EL in Streifen geschnittene Minzeblätter
2 EL fein gehacktes Koriandergrün

Für das Dressing das Olivenöl mit Limettensaft, Fischsauce, Zucker und Chili verrühren.

Die Garnelen schälen (die Schwänze nicht entfernen) und entdarmen. Die Papaya schälen, von den Samen befreien und in mundgerechte Stücke schneiden. Die Stücke mit Garnelen, Zwiebelringen, Minze und Koriander in eine große Schüssel geben und mithilfe von zwei Löffeln sehr vorsichtig mischen.

Unmittelbar vor dem Servieren das Dressing dazugießen und behutsam untermischen.

Tipp: Palmzucker ist ein dunkler Zucker, der in der asiatischen Küche verwendet wird. Fall Sie ihn nicht bekommen, können Sie ihn durch braunen oder normalen Haushaltszucker ersetzen.

Salat aus gegrilltem Gemüse

Für 4 Personen

1 rote Zwiebel
6 kleine Auberginen (je etwa
    16 cm lang)
4 rote Paprikaschoten
4 orange Paprikaschoten
1 EL sehr kleine Kapern (Nonpareilles)
1 Prise Salz
75 ml Olivenöl
1 EL gehackte glatte Petersilie
2 Knoblauchzehen, fein gewürfelt

Den Backofengrill auf mittlerer Stufe vorheizen. Die Zwiebel längs in sechs Spalten schneiden, dabei das Wurzelende intakt lassen.

Zwiebel, Auberginen und Paprikaschoten etwa 10 Minuten unter gelegentlichem Wenden grillen, bis die Haut von Paprika und Auberginen außen angekohlt und blasig ist. Die Paprikaschoten in einen Gefrierbeutel geben und 10 Minuten abkühlen lassen. Zwiebel und Auberginen beiseitelegen.

Kapern mit Salz in eine Pfanne geben und ohne Fett knusprig braten. Die Zwiebelspalten voneinander lösen, die verkohlte Schale wegwerfen.

Die Auberginen häuten, von den Kelchen befreien und längs in Scheiben schneiden. Die Paprikaschoten häuten, halbieren und von Trennwänden und Samen befreien. Die Paprikahälften in breite Streifen schneiden.

Das Gemüse auf einer großen Servierplatte anrichten, mit Olivenöl beträufeln, salzen und pfeffern. Mit Petersilie, Knoblauch und Kapern bestreuen und kalt servieren.

Kleine Salate

Kartoffelsalat mit Paprika und Staudensellerie

Für 4 Personen

600 g Kartoffeln, ungeschält, in mundgerechte Stücke geschnitten
1 kleine Zwiebel, fein gewürfelt
1 kleine grüne Paprikaschote, fein
gewürfelt
2–3 Selleriestangen, fein gewürfelt
1 Bund Petersilie, fein gehackt

Dressing
150 g Salat-Mayonnaise
1–2 EL Essig oder Zitronensaft
2 EL saure Sahne

Die Kartoffelstücke in reichlich sprudelnd kochendem Wasser 5 Minuten
garen, bis sie gerade eben weich
sind (zur Garprobe mit einem spitzen
Messer hineinstechen). Abgießen
und auskühlen lassen.

Zwiebel-, Paprika- und Selleriewürfel
sowie die Petersilie (etwas davon zum
Garnieren beiseitelegen) in einer großen Schüssel mit den kalten Kartoffel-
stücken mischen.

Für das Dressing Mayonnaise mit
das Essig oder Zitronensaft sowie
der sauren Sahne glatt verrühren. Das
Ganze mit Salz und weißem Pfeffer
aus der Mühle abschmecken und auf
den Salat geben. Den Salat vorsichtig
mischen, damit die Kartoffelstücke
nicht auseinanderfallen.

Tipp: Für diesen Salat eignen sich
festkochende Bio-Frühkartoffeln am
allerbesten.

Rucolasalat mit Pecorino

Für 4 Personen

60 ml bestes Olivenöl
2 EL Zitronensaft
150 g Rucola
Pecorino (italienischer Hartkäse aus
  Schafsmilch), zum Servieren

Das Öl mit dem Zitronensaft sowie
Salz und Pfeffer aus der Mühle in
einer großen Schüssel zu einem Dressing verrühren. Rucola dazugeben
und mit dem Dressing mischen. Den
Salat in eine Servierschüssel geben.

Vom Käse mit einem Sparschäler
über dem Salat Späne abziehen und
darauffallen lassen. Den Salat mit Salz
und Pfeffer aus der Mühle abschmecken und sofort servieren.

Mediterraner Kartoffelsalat

Für 2–4 Personen

2 Eier
125 g grüne Bohnen
300 g festkochende Kartoffeln
100 g Penne, Fusilli oder andere kurze
  Nudeln
2 feste, vollreife Tomaten, von den
  Kernen befreit, gewürfelt
40 g schwarze Oliven

Dressing
3 EL Olivenöl
1 EL Weißweinessig
1 Knoblauchzehe, zerdrückt
2 Sardellenfilets, fein gehackt

In einem kleinen Topf Wasser aufkochen lassen. Die Eier in das Wasser geben. Nach 7 Minuten die Bohnen hinzufügen und 2 Minuten mitkochen. Eier und Bohnen abgießen, mit kaltem Wasser abschrecken, anschließend auskühlen lassen.

Inzwischen die Kartoffeln mit Salzwasser in einen Topf geben. Aufkochen und die Kartoffeln in etwa 12 Minuten weich garen (zur Garprobe mit einem spitzen Messer hineinstechen). Kartofeln abgießen, kurz abkühlen lassen und in Stücke schneiden. Erneut Salzwasser aufkochen und die Nudeln darin nach Packungsanweisung bissfest garen. Abgießen und zu den Kartoffeln geben.

Für das Dressing Öl und Essig in einer kleinen Schüssel mit einem Schneebesen verrühren. Knoblauch unterrühren und das Dressing mit Pfeffer aus der Mühle abschmecken. Die Sardellen untermischen. Dressing über die noch warmen Kartoffeln und Nudeln gießen; behutsam untermischen.

Eier pellen, vierteln und mit Bohnen, Tomaten und Oliven zu Kartoffeln und Nudeln geben. Mischen und auskühlen lassen. Salat auf Teller verteilen und servieren.

Rote-Bete-Salat
mit Brunnenkresse

Für 2–4 Personen

12 sehr kleine Rote-Bete-Knollen
2 EL Pinien- oder Pistazienkerne
30 g Brunnenkresseblätter
1 EL Schnittlauchröllchen

Dressing
¼ TL flüssiger Honig
¼ TL Dijonsenf
3 TL Balsamico-Essig
1½ EL Olivenöl

Den Backofen auf 200 °C vorheizen. Rote Bete putzen und gründlich abbürsten. In eine ofenfeste Form geben. Form mit Alufolie verschließen, die Knollen etwa 1 Stunde im Ofen backen, bis sie weich sind. Aus dem Ofen nehmen und abkühlen lassen.

Die Backofentemperatur auf 180 °C reduzieren. Pinienkerne bzw. Pistazien auf einem Backblech ausbreiten und 5 Minuten rösten, bis sie etwas Farbe angenommen haben (Vorsicht, sie verbrennen leicht). Vom Blech nehmen, abkühlen lassen und grob hacken.

Für das Dressing den Honig mit Senf und Essig verrühren. Das Öl mit einer Gabel darunterschlagen, bis alles gut vermischt ist. Das Dressing abschmecken. Rote Bete schälen (dafür möglichst Küchenhandschuhe anziehen), größere Exemplare halbieren. Mit Brunnenkresse und Schnittlauch auf Teller verteilen und mit Pinienkernen oder Pistazien bestreuen. Die Portionen unmittelbar vor dem Servieren mit dem Dressing beträufeln.

Zitronen-Zwiebel-Salat mit Petersilie

Für 6–8 Personen

6 Zitronen
1 kleine rote Zwiebel
2 große Handvoll glatte Petersilie, gehackt
1 TL Salz
1 TL Zucker

Die Zitronen mit einem scharfen Messer so dick schälen, dass die weiße Haut mit entfernt wird, dann in etwa 1 cm dicke Scheiben schneiden und die Kerne entfernen. Die Scheiben in Stücke schneiden und diese in eine Schüssel geben.

Die Zwiebel halbieren und in dünne Halbringe schneiden. Zu den Zitronenstücken geben. Petersilie, Salz und Zucker hinzufügen. Alles mischen und 10 Minuten durchziehen lassen.

Unmittelbar vor dem Servieren etwas schwarzen Pfeffer aus der Mühle über den Salat geben.

Spinat-Kräuter-Salat

Für 4 Personen

100 g zarte Rucolablätter
100 g zarter Blattspinat
1 kleine Handvoll Basilikumblätter
1 Bund glatte Petersilie, gehackt
1 Bund gehacktes Koriandergrün

Dressing
2 EL Olivenöl
1 EL Zitronensaft
1 Knoblauchzehe, zerdrückt
1 TL flüssiger Honig

Rucola- und Spinatblätter in einer Schüssel mit Basilikum, Petersilie und Koriandergrün mischen.

Die Zutaten für das Dressing mit einem Schneebesen verrühren. Das Dressing mit Salz und etwas Pfeffer aus der Mühle abschmecken. Den Salat mit dem Dressing anmachen. Nach Belieben mit frisch geschrotetem schwarzen Pfeffer bestreuen und sofort servieren.

Zuckererbsensalat

Für 4–6 Personen

200 g Zuckererbsen
1 große rote Paprikaschote
4 Eichblattsalatblätter, in mundgerechte Stücke gezupft
5 Lollo-rosso-Blätter, in mundgerechte Stücke gezupft
250 g Cocktailtomaten, halbiert
50 g Brunnenkressezweige
Parmesanspäne, zum Anrichten

Knoblauch-Croûtons
3 Scheiben Weißbrot
50 ml Olivenöl
1 Knoblauchzehe, zerdrückt

Dressing
2 EL Olivenöl
1 EL Mayonnaise
1 EL saure Sahne
2 EL Zitronensaft
1 TL Zuckerr

Die Zuckererbsen schräg quer halbieren. Die Paprikaschote halbieren,
putzen und in Streifen schneiden.

Die Zuckererbsen in einer Schüssel
mit Paprikastreifen, Salatblättern,
Tomaten und Brunnenkresse mischen.

Für die Croûtons die Brotscheiben
entrinden und in 1 cm große Würfel
schneiden. Das Öl in einer Pfanne
erhitzen und den zerdrückten Knoblauch hineingeben. Die Brotwürfel
hinzufügen. Unter Rühren braten,
bis sie goldbraun und knusprig sind;
herausnehmen und auf Küchenpapier abtropfen lassen.

Für das Dressing die Zutaten mit
etwas geschrotetem schwarzem
Pfeffer etwa 2 Minuten lang in einer
kleinen Schüssel verrühren, bis die
Mischung glatt ist.

Unmittelbar vor dem Servieren Croûtons und Parmesanspäne auf den
Salat geben. Das Dressing hinzufügen
und alles gut mischen.

Tipp: Mit einem Sparschäler lassen
sich vom Parmesan ganz einfach
Späne abziehen.

Fenchel-Rucola-Salat mit Zitrusfrüchten

Für 4 Personen

2 Zitronen
2 Orangen
1 große oder 2 kleine Fenchelknollen
200 g Rucola
100 g Pekannusskerne, gehackt
100 g mit Paprika gefüllte grüne
    Oliven, längs halbiert

Dressing
1 EL Sesamöl
1 EL Sesamsamen
50 ml Olivenöl
2 EL Weißweinessig
1 TL Dijonsenf

Zitronen und Orangen so dick schälen, dass die weiße Haut mit entfernt wird. Die Früchte in dünne Scheiben schneiden und die Kerne entfernen. Den Fenchel in dünne Streifen schneiden. Den Rucola in Stücke zupfen. Alles kalt stellen, bis das Dressing zubereitet ist.

Für das Dressing das Sesamöl in einer Pfanne bei mittlerer Hitze heiß werden lassen. Die Sesamsamen darin unter ständigem Rühren braten, bis sie etwas Farbe angenommen haben. Vom Herd nehmen; abkühlen lassen. Die restlichen Zutaten mit einem Schneebesen unterrühren und das Dressing mit Salz und Pfeffer aus der Mühle abschmecken.

Zitronen- und Orangenscheiben in einer großen Schale mit Fenchel, Rucola, Nüssen und Oliven mischen. Den Salat mit dem Dressing beträufeln und servieren.

Tipp: Blutorangen schmecken angenehm herb und passen sehr gut in diesen Salat.

Lauchsalat mit Kapern

Für 6 Personen

5 Stangen Lauch, nur die hellen Teile
75 ml Olivenöl
2 EL Sherry-Essig
2 EL sehr kleine Kapern (Nonpareilles)

Die Lauchstangen längs halbieren und unter fließend kaltem Wasser gründlich waschen. Die halbierten Stangen in 5 cm lange Stücke schneiden und diese längs halbieren. Das Öl in einer Pfanne heiß werden lassen. Lauch hineingeben und rühren, bis er von Öl überzogen ist, dann zugedeckt bei schwacher Hitze 15–20 Minuten dünsten, bis er weich, aber nicht gebräunt ist. 10 Minuten abkühlen lassen.

Den Essig unterrühren. Das Gemüse mit Salz und Pfeffer aus der Mühle abschmecken, mit Kapern bestreuen und servieren.

Tipp: Wenn Sie keine sehr kleinen Kapern im Haus haben, können Sie größere verwenden und diese hacken, bevor Sie den Salat damit bestreuen.

Salat aus gebratenen Tomaten

Für 4 Personen

8 Eiertomaten
3 TL Olivenöl
3 TL Balsamico-Essig
$\frac{1}{4}$ TL flüssiger Honig
1 Knoblauchzehe, zerdrückt
4 Basilikumblätter, in Stücke gezupft
1 $\frac{1}{2}$ TL Kapern

Die Tomaten längs vierteln und von den Kernen befreien. Eine Grillpfanne erhitzen. Die Tomatenviertel darin 1–2 Minuten braten, bis sie weich sind und Grillstreifen entstanden sind. Herausnehmen, abkühlen lassen und in eine Schüssel geben.

Das Öl in einer kleinen Schüssel mit Essig, Honig, Knoblauch, Basilikum und Kapern zu einem Dressing verrühren. Das Dressing mit Salz und schwarzem Pfeffer aus der Mühle abschmecken, dann zu den Tomaten geben und behutsam untermischen. Den Salat mit Raumtemperatur servieren. Dazu passen knuspriges Brot und gegrilltes Fleisch.

Omelettroulade mit Dicken Bohnen auf Blattsalat

Für 4 Personen

30 g Dicke Bohnenkerne
4 Eier
4 Eigelb
2 TL fein gehackte Minze
2 TL in feine Streifen geschnittenes
 Basilikum
20 g Butter
75 g Pecorino, gerieben

Salat
1½ EL Pinienkerne, geröstet
1 EL in Streifen geschnittenes
 Basilikum
75 ml Olivenöl
2 EL Zitronensaft
2 Romanasalatherzen, Blätter abgelöst
2 Stauden Chicorée, Blätter abgelöst

Bohnenkerne 2 Minuten in Salzwasser kochen, abgießen und die Kerne aus den Hüllen drücken.

Den Backofen auf 160 °C vorheizen. Eier mit Eigelben, Minze und Basilikum verquirlen; salzen und pfeffern. 10 g Butter in einer beschichteten Pfanne (20 cm Ø) erhitzen. Hälfte der Omelettmasse hineingießen und backen, bis sie unten gestockt, oben aber noch etwas flüssig ist. Omelett auf ein Stück Backpapier gleiten lassen. Mit der Hälfte der Bohnen und des Pecorinos bestreuen; vorsichtig eng aufrollen. Omelett in das Backpapier rollen, Papierenden mit Küchengarn zubinden. Rolle auf ein Backblech legen. Aus den restlichen Zutaten eine zweite Rolle herstellen. Omelettrollen 8 Minuten im Ofen backen. 2–3 Minuten abkühlen lassen. Auswickeln und auskühlen lassen.

Für den Salat 1 EL Pinienkerne mit Basilikum, Olivenöl und Zitronensaft im Blitzhacker fein zerkleinern. Das so entstandene Dressing mit Salz und Pfeffer aus der Mühle abschmecken. Salat- und Chicoréeblätter mit 2 EL Dressing anmachen.

Die Rouladen in Scheiben schneiden; auf dem Salat verteilen. Mit den restlichen Pinienkernen bestreuen und mit dem übrigen Dressing beträufeln.

Kohl-Möhren-Salat mit Mandeln und Nudeln

Für 4 Personen

125 g Rotkohl, in dünne Streifen geschnitten oder gehobelt
125 g Chinakohl, in dünne Streifen geschnitten
2 Möhren, in dünne Stifte (Julienne) geschnitten
2 Selleriestangen, in dünne Scheiben geschnitten
1 rote Paprikaschote, in dünne Streifen geschnitten
3 Frühlingszwiebeln, in dünne Ringe geschnitten
75 g gehobelte Mandeln, geröstet
100 g gekochte, abgekühlte Nudeln

Dressing
1 kleine rote Chilischote, von den Samen befreit und fein gehackt
3 EL Limettensaft
1 EL Fischsauce
1 EL Sesamöl
1 EL brauner Zucker

Rot- und Chinakohlstreifen in einer großen Schüssel mit Möhrenstiften, Selleriescheiben, Paprikastreifen, Frühlingszwiebelringen und gehobelten Mandeln mischen.

Die Zutaten für das Dressing in eine kleine Schüssel geben und mit einem Schneebesen verrühren, bis sich der Zucker aufgelöst hat. Das Dressing zum Salat geben und untermischen. Den Salat 15 Minuten durchziehen lassen, dann die Nudeln untermischen und den Salat sofort servieren.

Tomaten mit Eiern und Oliven

Für 4 Personen

6 vollreife Tomaten
1 rote Zwiebel, in dünne Ringe
  geschnitten
6 hart gekochte Eier, in Scheiben
  geschnitten
100 g schwarze Oliven
in Stückchen gezupfte Basilikumblätter, zum Garnieren
bestes Olivenöl, zum Beträufeln

Die Tomaten in dicke Scheiben schneiden und auf einer großen Platte anrichten. Zwiebelringe, Eierscheiben und Oliven darauf verteilen.

Das Ganze mit Basilikum bestreuen, mit Salz und frisch geschrotetem schwarzem Pfeffer würzen und mit etwas Olivenöl beträufeln.

Mediterraner Nudelsalat mit Räucherlachs und Kräutern

Für 6 Personen

400 g kleine Muschelnudeln
250 g Cocktailtomaten, geviertelt, kleinere Exemplare nur halbiert
1 große gelbe Paprikaschote, gewürfelt
2 Selleriestangen, in dünne Scheiben geschnitten
3 Frühlingszwiebeln, in dünne Ringe geschnitten
100 g entsteinte grüne Oliven, gehackt
2 EL Kapern (nach Belieben), gehackt
200 g Räucherlachs, in breite Streifen geschnitten
1 Handvoll Basilikumblätter, in dünne Streifen geschnitten
3 EL fein gehackte glatte Petersilie
125 g italienisches Salatdressing (Fertigprodukt)

Die Nudeln in reichlich kochendem Salzwasser nach Packungsangabe bissfest garen. Abgießen und unter kaltem Wasser abkühlen. Abtropfen lassen und in eine Schüssel geben.

Die restlichen Zutaten zu den Nudeln geben, das Dressing hinzufügen und alles gut mischen.

Tipp: Für diesen Salat eignen sich auch andere kurze Nudeln wie Penne oder Farfalle.

Rotkohlsalat mit Sprossen und Bohnen

Für 6 Personen

1 Dose gemischte Bohnenkerne
    (420 g)
$1/2$ kleiner Rotkohl, vom Strunk befreit,
    in feine Streifen geschnitten oder
    gehobelt
200 g Mungobohnensprossen
4 große Frühlingszwiebeln, in breite
    Ringe geschnitten

Dressing
1 EL Olivenöl
2 TL Zitronensaft
1 große Knoblauchzehe, zerdrückt

Die gemischten Bohnen in ein Sieb schütten, abspülen und abtropfen lassen. Mit Kohl, Sprossen und Frühlingszwiebeln in eine große Schüssel geben und alles gut mischen.

Für das Dressing Öl und Zitronensaft in einer kleinen Schüssel mit einem Schneebesen verrühren. Den Knoblauch untermischen. Das Dressing mit Salz und schwarzem Pfeffer aus der Mühle abschmecken, zum Salat geben und untermischen.

Japanischer Salat mit Tofu-Dressing

Für 6–8 Personen

Tofu-Dressing
200 g fester Seidentofu
50 g Sesamsamen, geröstet
1 EL Zucker
1 EL weißes Miso (japanische Sojabohnenpaste)
1 EL Dashi (japanische Fischbrühe) oder Fischfond
2 TL japanische Sojasauce
3 TL Mirin (süßer japanischer Reiswein)
3 TL Sake (japanischer Reiswein)

Salat
1 Möhre
175 ml Dashi (japanische Fischbrühe) oder Fischfond
3 TL japanische Sojasauce
1 EL Mirin
12 feine grüne Bohnen, in 3 cm lange Stücke geschnitten
6 frische Shiitakepilze, Stiele entfernt, Hüte in Scheiben geschnitten

Den Tofu beschweren, um überschüssige Flüssigkeit zu entfernen. Dafür in ein sauberes Tuch wickeln; zwei Teller auf das Päckchen stellen, den Tofu 2 Stunden ruhen lassen.

Inzwischen für den Salat die Möhre in 5 cm lange Stücke, diese in 1 cm dicke Stifte schneiden.

Dashi oder Fond, Sojasauce und Mirin in einen Topf geben und bei starker Hitze aufkochen, dann bei schwacher Hitze köcheln lassen. Möhrenstifte und Bohnen hineingeben und 3 Minuten garen; mit einem Schaumlöffel herausheben. Die Pilze in den Topf geben und bei starker Hitze 1–2 Minuten garen, bis die Flüssigkeit fast völlig verdampft ist. Gemüse und Pilze auskühlen lassen.

Den Tofu auswickeln und mit Küchenpapier trocken tupfen, dann mit einer Gabel fein zerdrücken.

Für das Dressing die Sesamsamen im Mörser fein zerkleinern. Nach und nach Zucker, Miso, Dashi oder Fischfond, Sojasauce, Mirin und Sake unterarbeiten, dann den zerdrückten Tofu unterrühren. Möhren, Bohnen und Pilze in einer Schüssel mit dem Dressing mischen. Zum Servieren in eine große Schüssel häufen oder auf Salatschalen verteilen.

Spinat mit Sesampaste

Für 4–6 Personen

200 g Blattspinat, von harten Stielen
  befreit
Shoyu (pikante japanische Sojasauce), zum Beträufeln

Sesampaste
50 g weiße oder schwarze
  Sesamsamen
1 ½ TL Zucker
1 EL Sake (japanischer Reiswein)
1 ½ EL Dashi (japanische Instant-
  Fischbrühe) oder Fischfond
2 TL Tamari (süße japanische
  Sojasauce)

In einem Topf Salzwasser aufkochen lassen. Spinat für 1 Minute hinein-geben, dann abgießen, in Eiswasser abschrecken und gut abtropfen lassen. Den Spinat in eine Sushi-Matte oder in ein Geschirrhandtuch wickeln und überschüssiges Wasser heraus-drücken, dann ausrollen, mit etwas Shoyu beträufeln und abkühlen lassen. Den kalten Spinatblock in etwa 3 cm breite Scheiben schneiden und diese auf einer Servierplatte anrichten.

Für die Sesampaste die Sesam-samen in einer Pfanne bei mittlerer Hitze ohne Fett rösten, bis Duft auf-steigt; sofort in einen Mörser geben. 1 TL Sesam abnehmen und beiseite-legen, den Rest im Mörser fein zer-stoßen. Nach und nach Zucker, Sake, Dashi oder Fischfond und Tamari unterarbeiten, bis eine glatte Paste entstanden ist. Die Sesampaste auf die Spinatscheiben verteilen. Das Ganze mit den gerösteten Sesam-samen bestreuen und sofort servieren.

Gurkensalat mit Oliven

Für 4 Personen

4 kleine Bio-Salatgurken
½ TL Salz
1 rote Zwiebel, fein gewürfelt
3 TL Zucker
60 ml Olivenöl
1 EL Rotweinessig
1 TL gehackter Zitronenthymian
100 g schwarze Oliven

Die Gurken ungeschält raspeln. Die Raspel in ein Sieb geben, mit dem Salz mischen und Wasser ziehen lassen. In einem Sieb gründlich abspülen und mit Küchenpapier etwas trocken tupfen. Anschließend in eine Schüssel geben und mit Zwiebelwürfeln und Zucker mischen.

Öl und Essig mit einem Schneebesen zu einem Dressing verrühren. Zitronenthymian und etwas schwarzen Pfeffer aus der Mühle darunterschlagen. Das Dressing unter die Gurkenmischung heben. Den Gurkensalat zudecken und etwa 15 Minuten im Kühlschrank durchziehen lassen. Vor dem Servieren mit den Oliven garnieren. Dazu passt Fladenbrot.

Tomatensalat mit Salzzitronen

Für 4 Personen

750 g Tomaten
1 rote Zwiebel, in schmale Spalten
  geschnitten
1 in Salzzitrone (in Salz eingelegte
  Zitrone; Orientladen)
50 ml Olivenöl
1 EL Zitronensaft
½ TL edelsüßes Paprikapulver
½ TL Salz
1 EL fein gehackte glatte Petersilie
2 EL gehacktes Koriandergrün

In einem Topf reichlich Wasser aufkochen lassen. Die Tomaten kreuzförmig einritzen, für 30 Sekunden in das kochende Wasser geben, dann in kaltem Wasser abschrecken und häuten. Tomaten halbieren und die Kerne herausdrücken. Das Fruchtfleisch in Stücke schneiden und in eine Schüssel geben. Die Zwiebelspalten hinzufügen.

Die Salzzitrone vierteln. Das Fruchtfleisch und die Trennwände entfernen und wegwerfen. Die Zitronenschale abspülen und mit Küchenpapier trocken tupfen. In dünne Streifen schneiden und diese zu Tomatenstücken und Zwiebelspalten geben.

Das Öl mit Zitronensaft, Paprikapulver und Salz zu einem Dressing verrühren. Das Dressing mit schwarzem Pfeffer aus der Mühle abschmecken, zum Salat geben und untermischen. Den Salat zudecken und 30 Minuten durchziehen lassen. Unmittelbar vor der Servieren Petersilie und Koriandergrün hinzufügen und unterheben.

Kleine Salate

Rote-Bete-Salat mit Kreuzkümmel

Für 4–6 Personen

6 gleich große Rote-Bete-Knollen
75 ml Olivenöl
1 EL Rotweinessig
½ TL gemahlener Kreuzkümmel
1 rote Zwiebel, in schmale Spalten geschnitten
2 EL gehackte glatte Petersilie

Rote Bete in kochendem Salzwasser etwa 1 Stunde weich garen (je nach Größe der Knollen). Inzwischen das Öl in einer großen Schüssel mit dem Essig, dem Kreuzkümmel und reichlich schwarzem Pfeffer aus der Mühle zu einem Dressing verrühren.

Rote Bete schälen (Küchenhandschuhe anziehen), dann halbieren und die Hälften in schmale Spalten schneiden. Spalten zum Dressing geben und die Zwiebelspalten hinzufügen. Die Petersilie dazugeben und alles gut mischen. Den Salat warm oder mit Raumtemperatur servieren.

184

Hauptgerichte

Scharfer Geflügelsalat
mit Cashews

Für 2 Personen

2 TL Olivenöl
300 g Hähnchenbrustfilet oder
   Putenschnitzel
50 g Salatblätter
125 g Cocktailtomaten, halbiert
1/2 kleine Salatgurke, in mundgerechte
   Stücke geschnitten
50 g Erbsenkeimlinge (selbst gezogen,
   ersatzweise beliebige andere
   Keimlinge)
40 g Cashewkerne, grob gehackt

Dressing
1 1/2 EL süße Chilisauce
1 EL Limettensaft
1 TL Fischsauce
1 EL gehacktes Koriandergrün
1 kleine Knoblauchzehe, zerdrückt
1/2 kleine rote Chilischote, fein gehackt
1 TL geriebener frischer Ingwer
2 TL Erdnuss- oder Sesamöl

Das Öl in einer Pfanne oder Grillpfanne erhitzen. Das Geflügelfleisch darin pro Seite bei mittlerer Hitze 5–8 Minuten braten, bis es durchgegart ist. Das Fleisch noch warm quer in Streifen schneiden.

Die Zutaten für das Dressing in eine große Schüssel geben und mit einem Schneebesen verrühren. Die Fleischstreifen hinzufügen und durch Wenden mit dem Dressing überziehen, dann etwas abkühlen lassen.

Salatblätter, Tomaten, Gurkenstücke und Erbsenkeimlinge auf zwei Teller verteilen und mit den Cashewkernen bestreuen. Die Fleischstreifen darauf anrichten, die Portionen mit dem Dressing beträufeln und servieren.

Hähnchen-Reis-Salat mit Sultaninen und Korianderdressing

Für 2 Personen

150 g Reismischung mit Wildreis
(siehe Tipp)
50 g Cashewkerne
100 g gegartes Hähnchenfleisch,
zerkleinert
50 g Sultaninen
Korianderblätter, zum Garnieren

Dressing
2 EL Olivenöl
1 EL Rotweinessig
1 TL körniger Senf
2 EL fein gehacktes Koriandergrün

Den Reis nach Packungsanweisung garen. Je nach Garmethode abgießen oder ausdämpfen lassen, kalt abspülen und gut abtropfen lassen. Ein Sieb auf einen Topf setzen. Den Reis mit einer Gabel auflockern, in das Sieb geben und abkühlen lassen.

Inzwischen eine Pfanne bei starker Hitze heiß werden lassen. Cashewkerne darin ohne Fett unter Rühren 1–2 Minuten rösten. Sofort auf ein Schneidebrett geben, abkühlen lassen und grob hacken.

Die Zutaten für das Dressing bis auf das Koriandergrün in einer kleinen Schüssel mit einem Schneebesen verrühren. Das Dressing mit Salz und schwarzem Pfeffer aus der Mühle abschmecken und das Koriandergrün unterrühren.

Den abgekühlten Reis mit Hähnchenfleisch, Cashews und Sultaninen mischen. Das Dressing unterrühren und den Salat mit Salz und Pfeffer aus der Mühle abschmecken. Den Salat auf zwei Teller verteilen, mit Korianderblättern garnieren und servieren.

Tipp: Für diesen Salat können Sie gegarten Reis vom Vortag verwenden; Sie brauchen etwa 350 g.

Thunfischsalat mit Naturreis und Ofengemüse

Für 2 Personen

1 kleine rote Paprikaschote, in
Stücke geschnitten
1 Zucchini, in dicke Scheiben
geschnitten
1 kleine Zwiebel, in Spalten
geschnitten
2 EL Olivenöl
150 g Naturreis
1 Dose Thunfisch (185 g)

Dressing
abgeriebene Schale von 1 unbehandelten Orange
2 EL Orangensaft
2 EL Olivenöl
3 EL in Stücke gezupftes Basilikum

Den Backofen auf 200 °C vorheizen.
Paprika, Zucchini und Zwiebel in eine
ofenfeste Form geben. Das Öl sowie
Salz und Pfeffer aus der Mühle hinzufügen und untermischen. Gemüse
20 Minuten rösten, bis es Farbe angenommen hat und weich ist, dabei
gelegentlich umrühren.

Inzwischen den Reis nach Packungsanweisung garen. Je nach Garmethode abgießen oder ausdämpfen lassen, kalt abspülen und gut abtropfen
lassen. Ein Sieb auf einen Topf setzen. Den Reis in das Sieb geben und
abkühlen lassen, dabei einige Male
mit einer Gabel auflockern.

Während der Reis abkühlt, die Zutaten für das Dressing in einer kleinen
Schüssel mit einem Schneebesen
verrühren. Mit Salz und Pfeffer aus
der Mühle abschmecken.

Thunfisch abtropfen lassen und in
einer Schüssel zerpflücken. Reis mit
Thunfisch und Ofengemüse mischen.
Das Dressing hinzufügen und behut-
sam unterheben. Den Salat auf zwei
Teller verteilen und servieren.

Tipp: Für diesen Salat können Sie
gegarten Naturreis vom Vortag verwenden; Sie brauchen etwa 300 g.

Spare-Rib-Salat mit Ingwer-Chili-Dressing

Für 2 Personen

Dressing
3 cm frischer Ingwer, in dünne Stifte
   (Julienne) geschnitten
1 TL Reisessig
½ rote Chilischote, von den Samen
   befreit, fein gehackt
1 EL helle Sojasauce
einige Tropfen Sesamöl
½ Sternanis
1 TL Limettensaft

125 g ausgelöstes gegartes
   Spare-Rib-Fleisch
50 g Erbsenkeimlinge (selbst
   gezogen, ersatzweise beliebige
   andere Keimlinge)
2 Frühlingszwiebeln, schräg in dünne
   Ringe geschnitten
½ kleine rote Paprikaschote, in dünne
   Streifen geschnitten

Die Zutaten für das Dressing in einen kleinen Topf geben. Etwa 2 Minuten lang erhitzen, bis die Mischung fast aufkocht. Topf vom Herd nehmen und das Dressing abkühlen lassen. Sternanis herausnehmen.

Das Schweinefleisch in dünne Streifen schneiden. Mit Erbsenkeimlingen, Frühlingszwiebelringen und Paprikastreifen auf zwei Salatschalen verteilen; unmittelbar vor dem Servieren mit dem Dressing beträufeln.

Hähnchenfleischsalat mit Kräutern und Spinat

Für 6 Personen

150 g Zuckerschoten
1 EL Öl
20 g Butter
4 Hähnchenbrustfilets
1 Möhre, in dünne Stifte (Julienne) geschnitten
2 Selleriestangen, in dünne Stifte (Julienne) geschnitten
3 Frühlingszwiebeln, in dünne Stifte (Julienne) geschnitten
150 g Champignons, in Scheiben geschnitten
1 EL glatte Petersilie, gehackt
1 EL gehackter Estragon
150 g Brunnenkresse- oder Spinatblätter
2 EL gehackte Mandeln

Dressing
50 ml Olivenöl
1 EL Weißweinessig
½ TL Zucker
50 g Mayonnaise
2 EL saure Sahne
1 EL Dijonsenf

Zuckerschoten für 1 Minute in kochendes Wasser geben. Abgießen, mit kaltem Wasser abschrecken und gut abtropfen lassen. Schräg in Streifen schneiden.

Das Öl mit der Butter in einer Pfanne heiß werden lassen. Die Hähnchenbrustfilets darin bei mittlerer Hitze pro Seite 7 Minuten braten. Auf Küchenpapier abtropfen und abkühlen lassen, dann in Scheiben schneiden.

Möhren-, Sellerie-, Frühlingszwiebel- und Zuckerschotenstreifen mit Hähnchenfleisch, Pilzen, Petersilie und Estragon mischen. Das Ganze mit Salz und schwarzem Pfeffer aus der Mühle abschmecken.

Für das Dressing Öl, Essig und Zucker mit einem Schneebesen verrühren, bis der Zucker sich aufgelöst hat, dann mit Salz und schwarzem Pfeffer aus der Mühle abschmecken. Mayonnaise, saure Sahne und Senf darunterrühren. Die Brunnenkresse in eine Schüssel geben. Den Hähnchenfleischsalat darauf anrichten, mit dem Dressing beträufeln und mit den gehackten Mandeln bestreuen.

Gurken-Tomaten-Salat mit Kräuterdressing und gegrilltem Halloumi

Für 4 Personen

1 kleine Salatgurke, von den Samen
befreit und gewürfelt
3 Tomaten, von den Kernen befreit
und gewürfelt
1 kleine rote Zwiebel, fein gewürfelt
50 g schwarze Oliven, entsteint und
halbiert
2 EL Kapern
300 g Halloumi (zyprischer Käse,
der nicht schmilzt), in 1 cm dicke
Scheiben geschnitten

Dressing
1 Knoblauchzehe, gewürfelt
1 kleine Handvoll Basilikumblätter
1 kleine Handvoll glatte Petersilie
3 EL Olivenöl
2 EL Zitronensaft

Eine Grillpfanne bei mittlerer Hitze heiß werden lassen. Inzwischen Gurken-, Tomaten- und Zwiebelwürfel, Oliven und Kapern in eine Schüssel geben und behutsam mischen.

Für das Kräuterdressing den Knoblauch im Mörser mit 1 Prise Salz zerdrücken. Basilikum und Petersilie hinzufügen und mit zerdrücken, bis eine Paste entsteht. Etwas Öl hinzufügen und 10 Sekunden weitermörsern, dann das restliche Öl und den Zitronensaft unterrühren. Das Dressing mit schwarzem Pfeffer aus der Mühle abschmecken. (Sie können das Dressing auch im Blitzhacker herstellen.)

Die Halloumischeiben pro Seite etwa 1–2 Minuten braten, bis sie weich sind. Die Scheiben in breite Streifen schneiden und auf dem Salat anrichten. Das Dressing mit einem Löffel darübergeben und den Salat servieren, solange der Käse noch heiß ist – beim Abkühlen wird er zäh.

Scharfer Schweine-
fleischsalat

Für 6 Personen

1 EL Öl
500 g Schweinehackfleisch
2 EL Fischsauce
1 EL Sojasauce
50 ml Limettensaft
1 EL Zucker
10 Frühlingszwiebeln, fein gehackt
3 Stängel Zitronengras, nur die hellen
  Teile, fein gehackt
2 rote Chilischoten, von den Samen
  befreit, quer in Streifen geschnitten
2 EL gehacktes Koriandergrün
2 EL gehackte Minze
2 EL gehackte Petersilie
Kopfsalatblätter, zum Anrichten

Das Öl in einer Pfanne heiß werden lassen. Das Hackfleisch darin bei mittlerer Hitze braten, bis es gut Farbe angenommen hat, dabei Klümpchen mit einer Gabel zerdrücken. Aus der Pfanne nehmen und abkühlen lassen.

Fisch- und Sojasauce, Limettensaft und Zucker in einer Schüssel verrühren. Das gebratene Hackfleisch dazugeben, Frühlingszwiebeln, Zitronengras, Chili und Kräuter untermischen.

Den Salat zudecken und für mindestens 3 Stunden oder über Nacht in den Kühlschrank stellen; gelegentlich umrühren.

Auf jeden Teller 1–2 Salatblätter legen und etwas vom Schweinefleischsalat hineinfüllen. Sofort servieren.

Bratwurstsalat mit Ei und Sardellendressing

Für 4 Personen

4 Eier
250 g grüne Bohnen, quer halbiert
2 EL Olivenöl
4 grobe Bratwürste, in 1 cm dicke
  Scheiben geschnitten
2 dicke Scheiben Weißbrot, entrindet,
  in 1 cm große Würfel geschnitten
200 g gemischte Blattsalate, in mundgerechte Stücke gezupft
150 g geröstete rote Paprikaschote, in
  Streifen geschnitten

Dressing
1 Knoblauchzehe, zerdrückt
3 EL Olivenöl
2 EL Zitronensaft
3 Sardellenfilets, fein gehackt
2 EL in Streifen geschnittene
  Basilikumblätter

In einem kleinen Topf Wasser aufkochen lassen. Die Eier hineingeben
und 5 Minuten kochen. Bohnen hinzufügen und 2 Minuten mitkochen.
Abgießen, Eier und Bohnen mit kaltem Wasser abschrecken. Die Bohnen
gut abtropfen lassen. Die Eierschalen
etwas anschlagen und die Eier zum
Abkühlen in kaltes Wasser legen.

Inzwischen 1 EL Öl in einer Pfanne
heiß werden lassen. Die Bratwurst-
scheiben darin bei mittlerer Hitze etwa
5 Minuten kräftig braten, dabei einmal wenden. Aus der Pfanne heben
und beiseitelegen.

Das restliche Öl (1 EL) in der Pfanne
bei mittlerer Hitze heiß werden lassen.
Die Brotwürfel unter gelegentlichem
Wenden darin etwa 2 Minuten braten,
bis sie auf allen Seiten Farbe angenommen haben.

Die Zutaten für das Dressing in eine
kleine Schüssel geben. Die Sardellenfilets zerdrücken, alles gut mischen
und das Dressing mit schwarzem
Pfeffer aus der Mühle abschmecken.

Die Eier pellen und vierteln. Bratwurst,
Bohnen, Salatblätter und Paprikastreifen in eine Schüssel geben. Dressing
hinzufügen und untermischen. Den
Salat mit Ei und Croûtons garnieren
und servieren.

Weiße-Bohnen-Salat mit gebratenem Thunfisch

Für 4 Personen

2 Dosen weiße Bohnen (je 400 g)
400 g Thunfischsteaks
1 kleine rote Zwiebel, in dünne Ringe
geschnitten
1 Tomate, von den Kernen befreit,
gewürfelt
1 rote Paprikaschote, in dünne
Streifen geschnitten
2 Knoblauchzehen, zerdrückt
1 TL gehackter Thymian
4 EL gehackte glatte Petersilie
Öl, zum Bestreichen
100 g zarte gemischte Blätter (z. B.
Rucola oder Brunnenkresse)
1 TL in dünnen Streifen abgezogene
unbehandelte Zitronenschale

Dressing
1½ EL Zitronensaft
4 EL Olivenöl
1 TL Honig

Die Bohnen in ein Sieb schütten, kalt abspülen und gut abtropfen lassen. Die Thunfischsteaks auf einen Teller legen, auf beiden Seiten mit geschrotetem schwarzem Pfeffer bestreuen und mit Frischhaltefolie bedecken. Bis zur Verwendung kalt stellen. Kurz vor dem Servieren Zwiebelringe, Tomatenwürfel und Paprikastreifen in einer großen Schüssel mit Bohnen, Knoblauch, Thymian und Petersilie mischen.

Für das Dressing Zitronensaft, Öl und Honig in einen kleinen Topf geben. Aufkochen, dann unter Rühren 1 Minute köcheln lassen, bis der Honig sich aufgelöst hat. Vom Herd nehmen und warm halten.

Eine Grillpfanne mit etwas Öl ausstreichen und bei starker Hitze heiß werden lassen. Die Thunfischsteaks darin pro Seite je nach Dicke 1–2 Minuten braten; danach sind sie innen noch rosa. Herausnehmen, in große Würfel schneiden und zum Bohnensalat geben. Das warme Dressing dazugeben und gut untermischen.

Den Salat auf vier Teller verteilen, mit den Blättern garnieren, mit Zitronenschale bestreuen und servieren.

Dicke-Bohnen-Salat mit Hähnchenfleisch und Pistazien-Pesto

Für 4 Personen

Pistazien-Pesto
1 kleine Handvoll Basilikumblätter
30 g Rucola
2 EL geriebener Parmesan
1 Knoblauchzehe
25 g Pistazienkerne, geröstet
60 ml Olivenöl
2 EL Sahne

700 g Dicke Bohnen, enthülst (ergibt etwa 250 g Bohnenkerne)
400 g geräucherte Hähnchenbrust
1 Fenchelknolle
1/2 kleine rote Paprikaschote, in dünne Streifen (Julienne) geschnitten
1 große Handvoll Salatblätter

Für das Pistazien-Pesto die Basilikumblätter mit Rucola, Parmesan, Knoblauch und Pistazien in den Mixer geben und fein zerkleinern. Das Öl hinzufügen und unterarbeiten. Die Hälfte des Pestos in eine Schüssel geben. (Die andere Hälfte für eine andere Verwendung im Kühlschrank aufbewahren.) Die Sahne unter das Pesto in der Schüssel rühren. Nach und nach 1 EL warmes Wasser untermischen. Mit Salz und schwarzem Pfeffer aus der Mühle abschmecken.

In einem Topf Wasser aufkochen lassen. Die Bohnenkerne mit 1 guten Prise Salz hineingeben und 2 Minuten köcheln lassen, dann abgießen und in Eiswasser abschrecken. Die Bohnenkerne abtropfen lassen und aus den Häuten drücken, dann mit dem Pesto mischen.

Die geräucherte Hähnchenbrust in mundgerechte Stücke schneiden. Den Fenchel längs in sehr dünne Streifen schneiden oder hobeln. Fleisch, Fenchel, Paprikastreifen und Salatblätter in einer Schüssel mischen. Die Pesto-Bohnen hinzufügen und kurz untermischen. Den Salat sofort servieren.

Roastbeefsalat mit Spinat und Meerrettichcreme

Für 4 Personen

Meerrettichcreme
150 g Joghurt
1 EL Tafelmeerrettich
2 EL Zitronensaft
2 EL Sahne
2 Knoblauchzehen, zerdrückt
einige Tropfen Tabasco (nach Geschmack)

200 g grüne Bohnen
2 Rindersteaks (je etwa 250 g)
1 rote Zwiebel, halbiert
1 EL Olivenöl
100 g zarter Blattspinat
50 g Brunnenkresseblätter
200 g halb getrocknete Tomaten

Die Zutaten für die Meerrettichcreme sowie etwas schwarzen Pfeffer aus der Mühle in einer kleinen Schüssel verrühren. Die Creme zudecken und 15 Minuten kalt stellen.

In einem Topf Salzwasser aufkochen lassen. Die Bohnen darin in etwa 4 Minuten weich kochen, dann abgießen, mit kaltem Wasser abschrecken und abtropfen lassen.

Eine Pfanne bei starker Hitze sehr heiß werden lassen. Die Steaks und die Zwiebelhälften mit Öl bestreichen. Die Steaks pro Seite 2 Minuten braten, bis sie außen braun, innen aber noch rot sind (sollen sie stärker durchgebraten sein, die Bratzeit verlängern). Steaks aus der Pfanne nehmen, mit Alufolie bedecken und etwa 5 Minuten ruhen lassen. Inzwischen die Zwiebelhälften auf den Schnittflächen in 2–3 Minuten braun braten.

Den Spinat in einer Salatschüssel mit Brunnenkresse, Tomaten und Bohnen mischen. Die Steaks quer zur Faser in dünne Streifen schneiden und diese auf dem Salat anrichten. Gebratene Zwiebel in dünne Halbringe schneiden und hinzufügen. Den Salat mit dem Dressing beträufeln, mit grobem Meersalz und schwarzem Pfeffer aus der Mühle würzen und servieren.

Pikanter Nudel-Gemüsesalat mit Lammfleisch

Für 4 Personen

1 EL Fünf-Gewürze-Pulver
60 ml Öl
2 Knoblauchzehen, zerdrückt
2 Lammrückenfilets (Lammlachse;
  je etwa 250 g)
150 g chinesische Eiernudeln
1/2 TL Sesamöl
75 g Erbsenkeimlinge (selbst
  gezogen, ersatzweise beliebige
  andere Sprossen)
1/2 rote Paprikaschote, in dünne
  Streifen geschnitten
4 Frühlingszwiebeln, schräg in dünne
  Ringe geschnitten
2 EL Sesamsamen, geröstet

Dressing
1 EL fein gehackter frischer Ingwer
1 EL chinesischer schwarzer Essig
1 EL chinesischer Reiswein
2 EL Erdnussöl
2 TL Chiliöl

Das Fünf-Gewürze-Pulver in einer großen Schüssel mit 2 EL Öl und dem Knoblauch zu einer Marinade verrühren. Fleisch hineingeben und durch Wenden damit überziehen; zudecken und 30 Minuten marinieren.

Die Nudeln nach Packungsanweisung garen. Abgießen, kalt abspülen und abtropfen lassen. Mit dem Sesamöl mischen.

Restliches Öl in einer großen Pfanne heiß werden lassen. Das Lammfleisch darin pro Seite 3 Minuten braten – danach ist es medium; soll es ganz durchgebraten sein, die Bratzeit verlängern. Das Fleisch 5 Minuten ruhen lassen, dann quer zur Faser in dünne Scheiben schneiden.

Die Zutaten für das Dressing in einer kleinen Schüssel verrühren.

Nudeln, Fleischscheiben, Erbsenkeimlinge, Paprikastreifen, Frühlingszwiebelringe und Dressing in eine große Schüssel geben und mischen. Den Salat mit Sesam bestreuen und sofort servieren.

Paprika-Gurken-Salat mit Lammfleisch

Für 4 Personen

1 rote Zwiebel, in sehr dünne Ringe
  geschnitten
1 rote Paprikaschote, in sehr dünne
  Streifen geschnitten
1 grüne Paprikaschote, in sehr dünne
  Streifen geschnitten
2 Salatgurken, in Stifte geschnitten
2 EL Minzeblätter, in Streifen
  geschnitten
3 EL gehackte Dillspitzen
150 ml Olivenöl
600 g Lammrückenfilets (Lammlachse)
75 ml Zitronensaft
2 kleine Knoblauchzehen, zerdrückt

Zwiebelringe, Paprikastreifen, Gurkenstifte, Minze und Dill in einer großen Schüssel mischen.

Eine Grillpfanne heiß werden lassen. Das Fleisch mit 50 ml Öl beträufeln und pro Seite 2–3 Minuten braten – es soll innen noch etwas rosa sein. Herausnehmen und 5 Minuten ruhen lassen, dann in dünne Scheiben schneiden und diese unter den Salat mischen.

Für das Dressing Zitronensaft und Knoblauch verrühren. Das restliche Öl (100 ml) mit einer Gabel unter die Mischung schlagen. Das Dressing mit Salz und schwarzem Pfeffer aus der Mühle abschmecken, dann zum Salat geben und untermischen.

Tipp: Köstlich schmeckt der Salat, wenn Sie ihn auf geröstetem türkischem Fladenbrot anrichten, das Sie mit etwas Hummus (Kichererbsenpaste) bestrichen haben.

Hähnchen-Süßkartoffel-Salat

Für 6 Personen

4 Eiertomaten, längs geviertelt
300 g Auberginen, längs geviertelt
Öl, zum Bestreichen und zum Braten
500 g orange Süßkartoffeln, geschält
und in 2 cm dicke Scheiben
geschnitten
1 große rote Zwiebel, in Spalten
geschnitten
1 gegrilltes Hähnchen
2 EL gehacktes Koriandergrün
2–3 EL Balsamico-Essig
2 Handvoll Rucola

Den Backofen auf 200 °C vorheizen. Tomaten- und Auberginenviertel auf ein großes beschichtetes Backblech geben und dünn mit Öl bestreichen. Mit Salz und schwarzem Pfeffer aus der Mühle würzen und 25–30 Minuten backen, dabei die Auberginenviertel nach der Hälfte der Zeit wenden.

Inzwischen die Süßkartoffelscheiben in etwa 15 Minuten weich garen. Mit den Tomaten- und Auberginenvierteln in eine große Schüssel geben.

Etwas Öl in einer beschichteten Pfanne bei schwacher Hitze heiß werden lassen. Zwiebelspalten darin 6 Minuten braten, dann herausnehmen und beiseitelegen.

Vom Hähnchen die Haut abziehen, das Fleisch von den Knochen lösen und in mundgerechte Stücke schneiden. Fleisch, Koriandergrün und 1 EL Balsamico zum Gemüse geben, alles behutsam mischen.

Eine Servierplatte mit dem Rucola auslegen. Den Salat darauf anrichten und die Zwiebelspalten darauflegen. Nach Belieben mit dem restlichen Balsamico-Essig beträufeln. Dazu passt in dicke Scheiben geschnittenes Mehrkornbrot.

Salat aus Ofengemüse mit gegrilltem Halloumi

Für 4 Personen

4 schlanke Auberginen, quer halbiert, die Hälften längs geviertelt
1 Paprikaschote, halbiert, in breite Streifen geschnitten
4 kleine Zucchini, quer halbiert, die Hälften längs halbiert
75 ml Olivenöl
2 Knoblauchzehen, zerdrückt
200 g Halloumi (zyprischer Käse, der nicht schmilzt), in dünne Scheiben geschnitten
150 g zarter Blattspinat, von harten Stielen befreit
1 EL Balsamico-Essig

Den Backofen auf 220 °C vorheizen. Das Gemüse in eine große Schüssel geben. 60 ml Öl, den Knoblauch sowie Salz und Pfeffer aus der Mühle hinzufügen und alles gut mischen. Das Gemüse in einer Schicht auf ein Backblech geben und 20–30 Minuten rösten, bis es weich ist und an den Rändern leicht gebräunt ist.

Inzwischen eine Grillpfanne mit etwas Öl ausstreichen und bei mittlerer bis starker Hitze heiß werden lassen. Den Halloumi darin pro Seite 1–2 Minuten braten.

Eine Platte mit dem Spinat auslegen, Gemüse und Halloumi darauf anrichten. Das restliche Öl mit dem Essig zu einem Dressing aufschlagen, das Dressing zum Beträufeln zu dem Salat reichen.

Rindfleisch-Nudel-Salat mit Minze

Für 4 Personen

1 großes Rindersteak (etwa 500 g)
1–2 EL Öl
250 g dünne Reisnudeln (Vermicelli)
250 g Cocktailtomaten, halbiert
200 g asiatisches Blattgemüse (z. B.
   zarter Pak choi oder Chinakohl)
1 kleine Salatgurke, geschält, von den
   Samen befreit und in dünne Scheiben geschnitten
6 Radieschen, in dünne Scheiben
   geschnitten
¼ rote Zwiebel, in dünne Streifen
   geschnitten
1 Handvoll Minzeblätter

Dressing
3 EL Limettensaft
3 EL helle Sojasauce
2 EL Fischsauce
2 EL brauner Zucker
2 kleine rote Chilischoten, von den
   Samen befreit, fein gehackt

Eine große Pfanne bei mittlerer bis starker Hitze heiß werden lassen. Das Fleisch mit dem Öl bestreichen und mit schwarzem Pfeffer aus der Mühle würzen. In der Pfanne auf beiden Seiten kräftig anbraten, dann etwa weitere 10 Minuten braten, bis der gewünschte Gargrad erreicht ist. Das Steak aus der Pfanne nehmen und 5 Minuten ruhen lassen. Anschließend in dünne Scheiben schneiden.

Die Zutaten für das Dressing in einer kleinen Schüssel verrühren, bis der Zucker sich aufgelöst hat.

Die Nudeln nach Packungsangabe garen oder quellen lassen, dann abgießen und abkühlen lassen. Mit einer Küchenschere in kurze Stücke schneiden.

Cocktailtomaten, Blattgemüse, Gurken- und Radieschenscheiben, Zwiebelstreifen und Minze in einer großen Schüssel mischen. Die Nudeln und das Fleisch unterheben, das Dressing dazugießen. Salat sofort servieren.

Warmer Salat mit zweierlei Bohnen

Für 4 Personen

2 EL Olivenöl
125 ml Tomatensaft
2 EL gehackte glatte Petersilie
1 Prise Zucker
3 Knoblauchzehen
1 Dose Borlotti-Bohnen (400 g)
1 Dose weiße Bohnen (400 g)
2 Tomaten, gewürfelt
4 dicke Scheiben knuspriges
   Weißbrot

In einer kleinen Schüssel 1 EL Öl mit Tomatensaft, Petersilie und Zucker mischen. 2 Knoblauchzehen zerdrücken und unterrühren.

Die Bohnen in ein Sieb schütten, abspülen und abtropfen lassen. In eine Pfanne geben. Tomatensaftmischung hinzufügen und alles bei mittlerer Hitze in 5 Minuten heiß werden lassen. Tomatenwürfel unterheben und den Salat mit Salz und Pfeffer aus der Mühle abschmecken.

Inzwischen das Weißbrot toasten. Die dritte Knoblauchzehe halbieren und die Brotscheiben damit abreiben. Das Brot mit dem restlichen Olivenöl beträufeln, heiß zum warmen Bohnensalat servieren.

Warmer Nudelsalat mit Krabbenfleisch

Für 4 Personen

300 g Spaghetti
2 EL Olivenöl
20 g Butter, in Stückchen
350 g gegartes Krabbenfleisch (Crabmeat), zerpflückt
1 rote Paprikaschote, in dünne
  Streifen geschnitten
1 1/2 TL abgeriebene unbehandelte
  Zitronenschale
3 EL geriebener Parmesan
2 EL Schnittlauchröllchen
3 EL gehackte Petersilie

Die Nudeln in der Mitte durchbrechen und nach Packungsangabe in reichlich kochendem Salzwasser bissfest garen. Abgießen, abtropfen lassen und in einer großen Schüssel mit Öl und Butter mischen.

Krabbenfleisch, Paprikastreifen, Zitronenschale, Parmesan, Schnittlauch und Petersilie hinzufügen und untermischen. Den Salat mit schwarzem Pfeffer aus der Mühle würzen und sofort servieren.

Gegrillter Topinambur mit Radicchio und Pastrami

Für 4 Personen

500 g Topinambur
Saft von ½ Zitrone
1 Prise Asafoetida (Teufelsdreck; indisches Gewürz), nach Belieben
1 Radicchio
50 g Walnusskernhälften
60 ml Walnussöl
1 kleine unbehandelte Orange
1 EL in Streifen geschnittene Petersilie
100 g Pastrami in Scheiben, die Scheiben halbiert

Topinamburknollen schälen; große Exemplare zerteilen, damit etwa gleich große Stücke entstehen. Salzwasser aufkochen lassen. Topinambur mit Zitronensaft und Asafoetida (nach Belieben) hineingeben. Etwa 12 Minuten köcheln lassen, bis das Gemüse weich ist. Abgießen, abkühlen lassen und schräg in Scheiben schneiden.

Den Backofengrill auf höchster Stufe vorheizen. Den Radicchio von den Außenblättern befreien und längs vierteln. Mit den Schnittflächen nach oben in eine ofenfeste Form legen, mit den Walnüssen bestreuen und mit der Hälfte des Nussöls beträufeln. Radicchio 1–2 Minuten grillen, bis die Blätter zusammenfallen und an den Rändern braun werden, dann aus dem Ofen nehmen und 2–3 Minuten abkühlen lassen.

Die Wurzelenden von den Radicchiovierteln entfernen und die Blätter wieder in die Form geben. Die Orange abreiben und auspressen (Schale beiseitestellen). Topinambur, Orangensaft und Petersilie sowie Salz und Pfeffer aus der Mühle hinzufügen; alles kurz mischen. Die Pastramischeiben locker aufrollen und auf dem Salat anrichten. Das Ganze mit dem restlichen Nussöl beträufeln und für 1–2 Minuten unter den Grill schieben. Mit der Orangenschale bestreuen und sofort servieren.

Warmer Nudelsalat mit Thunfisch auf Thai-Art

Für 4 Personen

650 g Thunfischsteaks
1 EL Olivenöl
2 EL Austernsauce
2 EL Sojasauce
2 EL Limettensaft
300 g chinesische Eiernudeln
125 g Maiskölbchen, halbiert
150 g Zuckerschoten

Dressing
2 EL Fischsauce
2 EL Limettensaft
2 EL süße Thai-Chilisauce
2 EL Öl
1 kleine rote Chilischote, von den
  Samen befreit, gehackt
3 EL gehacktes Koriandergrün

Die Thunfischsteaks nebeneinander in eine Schale legen. Öl, Austernsauce, Sojasauce und Limettensaft mit einem Schneebesen zu einer Marinade verrühren. Auf den Thunfisch gießen und diesen durch Wenden damit überziehen. Zudecken und 30 Minuten kalt stellen.

Die Nudeln nach Packungsangabe garen, dabei 45 Sekunden vor Ende der Garzeit Mais und Zuckerschoten hinzufügen. Abgießen und gut abtropfen lassen. In eine Schüssel geben und alles vermischen. Die Zutaten für das Dressing mit einem Schneebesen verrühren. Die Hälfte des Dressings unter die Nudelmischung heben.

Eine Grillpfanne sehr heiß werden lassen. Die Thunfischsteaks darin pro Seite 3–4 Minuten braten – sie sollen innen rosa sein. Kurz abkühlen lassen und in Streifen schneiden. Zum Nudelsalat servieren oder daruntermischen, das restliche Dressing dazu reichen.

Tomaten-Kichererbsen-Salat mit Rucola und Garnelen

Für 4–6 Personen

1 Dose Kichererbsen (400 g)
4 Frühlingszwiebeln, gehackt
4 Eiertomaten, gewürfelt
1 rote Paprikaschote, gewürfelt
1 EL gehackte Dillspitzen
3 EL in feine Streifen geschnittenes
 Basilikum
2 EL Olivenöl
1 kg rohe Garnelen, bis auf die
 Schwänze geschält und entdarmt
2 kleine rote Chilischoten, von den
 Samen befreit, fein gehackt
4 Knoblauchzehen, zerdrückt
2 EL Zitronensaft
300 g Rucola
125 g Feta (Schafskäse)

Die Kichererbsen in ein Sieb schütten, abspülen und abtropfen lassen. Mit Frühlingszwiebeln, Tomaten, Paprika und Kräutern in einer Schüssel gut mischen.

Das Öl in einer großen Pfanne oder im Wok heiß werden lassen. Die Garnelen darin unter Rühren bei starker Hitze braten. Chilis und Knoblauch hinzufügen und mitbraten, bis die Garnelen rosa sind. Vom Herd nehmen; Zitronensaft unterrühren.

Eine große Platte mit dem Rucola auslegen. Die Kichererbsen darauf anrichten, die Garnelen darübergeben und den Feta auf den Salat bröckeln.

Kürbis-Avocado-Salat mit Korianderdressing

Für 6 Personen

750 g Muskatkürbis
1 große Avocado

Dressing
2 EL Olivenöl
1 EL gehacktes Koriandergrün
1 EL gehackte Minze
1 kleine rote Zwiebel, fein gewürfelt
2 TL süße Chilisauce
2 TL Balsamico-Essig
1 TL Zucker

Das Kürbisstück von Kernen und wattigem Inneren befreiten, schälen und in Scheiben schneiden. Diese in reichlich kochendes Wasser geben und so lange kochen, bis sie gar, aber nicht zu weich sind. Abgießen und abtropfen lassen.

Avocado halbieren, entsteinen, schälen und längs in Scheiben schneiden.

Die Zutaten für das Dressing in einer kleinen Schüssel verrühren.

Die warmen Kürbisscheiben mit den Avocadoscheiben in eine Servierschüssel geben. Das Dressing behutsam untermischen und den Salat sofort servieren.

Knusperkartoffel-Salat mit Chorizo und Senfdressing

Für 4 Personen

800 g kleine festkochende Kartoffeln, ungeschält
2 EL Olivenöl
1 TL grobes Meersalz
500 g Chorizo (scharfe spanische Wurst), in 1 cm dicke Scheiben geschnitten
100 g Rucola, von harten Stielen befreit, grob in Stücke gezupft
100 g halb getrocknete Tomaten

Dressing
3 EL Olivenöl
1 EL körniger Senf
2 EL Sherry- oder Weißweinessig

Den Backofen auf 200 °C vorheizen. Die Kartoffeln unter fließend kaltem Wasser abbürsten. Trocken tupfen, dann ohne Öl oder Gewürze in eine ofenfeste Form geben und 20 Minuten backen, bis sie beginnen weich zu werden. Aus dem Ofen nehmen und mit einem Kartoffelstampfer nur leicht zerdrücken, bis die Schalen aufplatzen. Mit Olivenöl beträufeln und mit Meersalz bestreuen. Alles gründlich mischen, dann die Kartoffeln weitere 10–15 Minuten rösten, bis sie knusprig und goldbraun sind.

Inzwischen eine Pfanne bei starker Hitze heiß werden lassen. Die Wurstscheiben darin ohne zusätzliches Fett in etwa 5 Minuten goldbraun braten; in eine Schüssel geben. Rucola und Tomaten hinzufügen.

Die Zutaten für das Dressing in eine kleine Schüssel geben und mit einem Schneebesen verrühren. Das Dressing mit Salz und schwarzem Pfeffer aus der Mühle abschmecken.

Die Kartoffeln zum Salat geben. Das Dressing darübergießen und alles mischen. Den Salat heiß oder warm servieren.

Würzige Hackfleisch-bällchen mit Couscous und Joghurtsauce

Für 4 Personen

600 g mageres Rinderhackfleisch
1 TL Chiliflocken
1 TL gemahlener Kreuzkümmel
2 EL gehackte entsteinte schwarze
   Oliven
1 kleine Zwiebel, gerieben
2 EL Tomatenmark
3–4 EL Olivenöl
2 TL Salz
300 g Instant-Couscous
250 g Cocktailtomaten, halbiert
100 g geröstete rote Paprikaschoten,
   gewürfelt
200 g Joghurt
2 EL Zitronensaft
2 EL gehackte Petersilie

Das Hackfleisch in einer Schüssel mit Chiliflocken, Kreuzkümmel, Oliven, Zwiebel und Tomatenmark zu einem Fleischteig verkneten. Aus dem Teig 40 Bällchen formen, diese für 30 Minuten in den Kühlschrank geben.

Inzwischen 350 ml Wasser in einem Topf mit 2 EL Öl und dem Salz aufkochen lassen. Vom Herd nehmen und den Couscous einrühren. Zudecken und 2–3 Minuten quellen lassen, dann mit einer Gabel auflockern und die Tomaten mit den Paprikawürfeln untermischen. Mit Salz und Pfeffer aus der Mühle abschmecken.

Das restliche Öl (1–2 EL) in einer großen Pfanne heiß werden lassen. Die Fleischbällchen darin in 10–12 Minuten knusprig braten. Den Joghurt mit dem Zitronensaft, der Petersilie und 1 EL Wasser verrühren; mit Salz und Pfeffer aus der Mühle abschmecken. HFleischbällchen mit Couscous und Sauce auf vier Tellern anrichten. Sofort servieren.

Zitrusfrüchte und Brunnenkresse mit Lammfilet

Für 4 Personen

Dressing
1 EL Rotweinessig
1 Knoblauchzehe, zerdrückt
1/2 TL flüssiger Honig
2 TL Walnussöl
1 1/2 EL Olivenöl

300 g Lammfilets
1 EL Olivenöl
2 Orangen
1 kleine rosa Grapefruit
3 große Handvoll Brunnenkresse
1/2 kleine rote Zwiebel, in dünne Ringe
geschnitten

Die Zutaten für das Dressing mit Salz und Pfeffer aus der Mühle in eine kleine Schüssel geben und mit einem Schneebesen verrühren.

Die Lammfilets quer halbieren und mit schwarzem Pfeffer aus der Mühle würzen. Das Öl in einer Pfanne bei starker Hitze heiß werden lassen. Das Fleisch darin 3–4 Minuten unter gelegentlichem Wenden braten, bis es schön gebräunt ist, dann salzen und die Pfanne vom Herd nehmen.

Orangen und Grapefruit so dick schälen, dass die weiße Haut mit entfernt wird. Über einer Schüssel die Filets mit einem kleinen scharfen Messer zwischen den Trennhäuten herausschneiden, den Saft dabei auffangen. Filets zum Saft in die Schüssel geben.

Die Lammfilets schräg in etwa 2 cm dicke Scheiben schneiden. Die Scheiben mit Brunnenkresse und Zwiebelringen zu den Zitrusfruchtfilets geben, das Dressing hinzufügen und alles locker mischen.

Warmer Hähnchen-Nudel-Salat mit weißen Bohnen und Süßkartoffeln

Für 6 Personen

750 g orange Süßkartoffeln, geschält, in 2 cm große Würfel geschnitten
250 g Cocktailtomaten, halbiert
Olivenöl zum Bestreichen und zum Braten
2 Hähnchenbrustfilets (je etwa 200 g)
350 g grüne Spargelstangen, von den holzigen Enden befreit und quer in je 3 gleich lange Stücke geschnitten
400 g kurze Röhrennudeln (z. B. Maccheroni)
1 Dose weiße Bohnen (400 g)
3 Handvoll zarte Rucolablätter
3 EL Vinaigrette (Fertigprodukt)

Den Backofen auf 200 °C vorheizen. In eine große ofenfeste Form die Süßkartoffelwürfel auf eine Seite geben, die Tomaten auf die andere. Alles mit Olivenöl bestreichen und 30 Minuten unter gelegentlichem Wenden backen. Tomaten herausnehmen. Süßkartoffeln noch 15 Minuten weiterbacken.

Inzwischen etwas Öl in einer Pfanne bei starker Hitze heiß werden lassen. Die Hähnchenbrustfilets darin pro Seite etwa 5 Minuten braten, bis sie durchgegart sind.

In einem Topf reichlich Salzwasser aufkochen lassen. Die Spargelstücke für 1 Minute hineingeben, dann mit einem Schaumlöffel herausheben und in Eiswasser abschrecken; abtropfen lassen. Das Wasser erneut aufkochen und die Nudeln darin nach Packungsangabe bissfest garen. Abgießen und abtropfen lassen; warm halten. Die Bohnen aus der Dose in einem Sieb abtropfen lassen.

Das Hähnchenfleisch in 1 cm dicke Scheiben schneiden. In einer großen Schüssel mit Süßkartoffeln, Tomaten, Spargel, Nudeln, Bohnen und Rucola mischen. Die Vinaigrette unterheben. Den Salat mit Salz und schwarzem Pfeffer aus der Mühle abschmecken. Sofort servieren.

Gebratenes Gemüse mit Mozzarella und Kaperndressing

Für 2 Personen

2 Mini-Auberginen
2 große Eiertomaten
1 rote Paprikaschote
$\frac{1}{2}$ grüne Paprikaschote
1 Zucchini
$2\frac{1}{2}$ EL Olivenöl
12 Mini-Mozzarellakugeln
1 EL Balsamico-Essig
$\frac{1}{4}$ TL Zucker
12 schwarze Oliven
1 Knoblauchzehe, fein gewürfelt
1 gehäufter EL sehr kleine Kapern

Auberginen längs halbieren und die Tomaten in Achtel schneiden. Die Paprikaschoten putzen und in breite Streifen schneiden. Zucchini schräg in dünne Scheiben schneiden.

Eine Grillpfanne bei starker Hitze heiß werden lassen und mit $\frac{1}{2}$ TL Öl ausstreichen. Das Gemüse darin portionsweise je 2–3 Minuten braten, bis es gebräunt ist und Grillstreifen aufweist; falls nötig, mehr Öl hinzufügen. (Die Tomaten am besten erst mit den Schnittflächen nach unten in die Pfanne geben.)

Gemüse und Mozzarella in eine große Schüssel geben. Das restliche Öl mit Essig und Zucker zu einem Dressing verrühren. Oliven, Knoblauch und Kapern unterrühren. Alles unter Gemüse und Mozzarella mischen; mit Salz und Pfeffer aus der Mühle abschmecken. Gemüsemischung auf zwei Teller verteilen; sofort servieren.

Rindfleischsalat mit Kürbiskernpesto und Nudeln

Für 4 Personen

1 große rote Paprikaschote
1 große gelbe Paprikaschote
Olivenöl, zum Bestreichen und
    zum Braten
1 Rinderhüftsteak (etwa 250 g)
150 g Penne oder andere kurze
    Röhrennudeln
100 g Champignons, geviertelt

Pesto
50 g Basilikumblätter
2 Knoblauchzehen, fein gewürfelt
2 EL Kürbiskerne
1 EL Olivenöl
2 EL Orangensaft
1 EL Zitronensaft

Paprikaschoten putzen und in große, flache Stücke schneiden. Diese mit den Hautseiten nach oben unter den heißen Backofengrill schieben. Sobald die Haut angekohlt ist, die Stücke in einen Gefrierbeutel geben und abkühlen lassen, dann häuten und würfeln.

Etwas Olivenöl in einer Pfanne erhitzen. Das Steak darin pro Seite 3–4 Minuten braten. Herausnehmen und 5 Minuten ruhen lassen, dann in dünne Scheiben schneiden und leicht salzen.

Für das Pesto das Basilikum mit den Knoblauchzehen und den Kürbiskernen in der Küchenmaschine pürieren. Bei laufendem Motor Öl sowie Orangen- und Zitronensaft hinzufügen. Das Pesto mit Salz und schwarzem Pfeffer aus der Mühle abschmecken.

Inzwischen die Nudeln in reichlich sprudelnd kochendem Salzwasser nach Packungsangabe bissfest garen. Abgießen, abtropfen lassen, in eine große Schüssel geben und mit dem Pesto mischen.

Paprika, Fleisch und Champignons hinzufügen und unterheben. Den Salat sofort servieren.

Gebackene Paprikaschoten mit Sardellen

Für 6 Personen

3 gelbe Paprikaschoten
3 rote Paprikaschoten
2 EL Olivenöl
12 Sardellenfilets, längs halbiert
3 Knoblauchzehen, in dünne
  Scheiben geschnitten
3 EL kleine Basilikumblätter
1 EL sehr kleine Kapern
Olivenöl, zum Beträufeln
grobes Meersalz, zum Bestreuen

Den Backofen auf 180 °C vorheizen. Die Paprikaschoten längs vierteln, die Stiele nicht entfernen, sondern mit durchschneiden. Die Paprikastücke putzen. Etwas Öl in eine ofenfeste Form träufeln. Die Paprikastücke mit den Hautseiten nach unten hineinsetzen; salzen und pfeffern.

In jedes Paprikastück ein halbes Sardellenfilet, etwas Knoblauch und ein wenig Basilikum geben. Kapern auf die Paprikastücke verteilen, das Ganze mit dem restlichen Olivenöl beträufeln.

Die Form mit Alufolie verschließen. Die Paprika 20 Minuten im Ofen garen; die Folie entfernen und die Paprika in weiteren 25–30 Minuten weich garen. Mit bestem Olivenöl beträufeln, mit dem restlichen Basilikum garnieren, mit Meersalz bestreuen und warm oder mit Raumtemperatur servieren. Dazu passt knuspriges Baguette.

Warmer Lammfleisch-Nudel-Salat auf asiatische Art

Für 4–6 Personen

2 EL rote Currypaste
3 EL gehacktes Koriandergrün
1 EL fein geriebener frischer Ingwer
1 EL Erdnussöl
750 g Lammrückenfilets (Lammlachse), in dünne Scheiben
geschnitten
200 g Zuckerschoten
200 g breite Reisbandnudeln
Raps- oder Erdnussöl, zum Braten
1 rote Paprikaschote, in dünne
Streifen geschnitten
1 kleine Salatgurke, in dünne
Scheiben geschnitten
6 Frühlingszwiebeln, in dünne Ringe
geschnitten

Dressing
1 EL Erdnussöl
3 EL Limettensaft
2 TL brauner Zucker
3 TL Fischsauce
3 TL Sojasauce
4 EL gehackte Minze
1 Knoblauchzehe, zerdrückt

Die Currypaste in einer Schüssel mit Koriandergrün, Ingwer und Erdnussöl zu einer Marinade verrühren. Fleischscheiben hineingeben und darin wenden. Zudecken und 2–3 Stunden in den Kühlschrank stellen.

Die Zuckerschoten in kochendem Salzwasser bissfest garen. Mit kaltem Wasser abschrecken; gut abtropfen lassen.

Die Nudeln nach Packungsangabe garen. Abgießen, auflockern und abtropfen lassen.

Die Zutaten für das Dressing in einer kleinen Schüssel mit einem Schneebesen verrühren.

Den Wok sehr heiß werden lassen. Etwas Öl hineingeben und das Lammfleisch darin in zwei Portionen je etwa 5 Minuten pfannenrühren; falls nötig, mehr Öl hinzufügen.

Lammfleisch, Zuckerschoten, Nudeln, Paprika, Gurke und Frühlingszwiebeln in eine Schüssel geben, mit dem Dressing beträufeln und alles mischen.

Erbsen-Bohnen-Salat mit Kartoffeln und Speck

Für 4 Personen

500 g kleine festkochende Kartoffeln
2 EL Olivenöl
1 Zwiebel, fein gewürfelt
75 g durchwachsener Speck, in
  Streifen geschnitten
2 Knoblauchzehen, fein gewürfelt
250 g Tiefkühl-Erbsen
200 g zarte Dicke-Bohnen-Kerne
1 kleine Handvoll Basilikumblätter, in
  Stücke gezupft
1 EL Rotwein

Die Kartoffeln kochen und abgießen. Das Öl in einem großen Topf erhitzen. Zwiebel und Speck darin bei mittlerer Hitze 5 Minuten braten, bis die Zwiebelwürfel glasig sind und der Speck etwas knusprig ist. Den Knoblauch hinzufügen und 1 Minute mitbraten.

Die Kartoffeln halbieren, größere Exemplare in dicke Scheiben schneiden. Zur Zwiebelmischung geben und unter gelegentlichem Rühren 5 Minuten mitbraten.

Gefrorene Erbsen nach Packungsangabe in kochendem Wasser garen, mit einem Schaumlöffel herausheben und abschrecken. Die Bohnenkerne ins kochende Wasser geben und garen, dann abgießen und mit kaltem Wasser abschrecken. Bohnenkerne aus den Häuten drücken und mit den Erbsen mischen. Zur Zwiebel-Kartoffel-Mischung geben und kurz unterrühren. Basilikum und Rotwein hinzufügen. Alles 1 Minute köcheln lassen. Auf Teller verteilen, sofort servieren.

Gurkensalat mit Lachs, Ingwer und Chili

Für 6 Personen

3 EL helle Sojasauce
3 EL Mirin (süßer japanischer Reiswein) oder Sherry
6 Stücke Lachsfilet ohne Haut (je 125 g)
2 Salatgurken
1 TL geriebener frischer Ingwer
1 große rote Chilischote, von den Samen befreit und fein gewürfelt
4 EL Reis- oder Weißweinessig
1 TL Zucker
2 EL grob gehacktes Koriandergrün

Sojasauce und Mirin in einer Schale zu einer Marinade verrühren. Lachsfilets hineingeben und durch Wenden damit überziehen. Im Kühlschrank mindestens 30 Minuten oder über Nacht durchziehen lassen.

Die Gurken längs halbieren. Samen mit einem Teelöffel herausnehmen, die Hälften quer in dünne Scheiben schneiden. Die Scheiben zwischen mehreren Lagen Küchenpapier gut 5 Minuten abtropfen lassen. Mit Ingwer, Chili, Essig und Zucker in eine Schüssel geben; alles mischen. Gurkensalat mit Salz und Pfeffer aus der Mühle abschmecken. Anschließend bis zu 3 Stunden durchziehen lassen, damit der Salat nicht zu wässerig wird.

Den Backofen auf 200 °C vorheizen. Ein Backblech mit Alufolie bedecken und im Ofen heiß werden lassen. Den Lachs darauflegen, mit der Marinade beträufeln und 10 Minuten garen. Kurz vor dem Servieren die Hälfte des Koriandergrüns unter den Salat heben.

Den Lachs zerpflücken und auf Tellern anrichten, den Gurkensalat darübergeben und das Ganze mit dem restlichen Koriandergrün bestreuen.

Brunnenkressesalat mit Spinat, Orangen und gebratenem Ziegenkäse

Für 4 Personen

Dressing
20 g Haselnusskerne
1 EL Orangensaft
1 EL Zitronensaft
1 Prise Salz
125 ml Olivenöl

2 Orangen
250 g Brunnenkresse
50 g zarter Blattspinat
Olivenöl, zum Braten
300 g Ziegencamembert, in
4 Scheiben geschnitten

Den Backofen auf 180 °C vorheizen. Für das Dressing die Haselnüsse auf einem Backblech im Ofen 5–6 Minuten rösten, bis sie Farbe angenommen haben. Herausnehmen, auf ein Geschirrhandtuch geben und die braunen Häutchen abrubbeln. Die Nüsse mit Orangensaft, Zitronensaft und Salz in der Küchenmaschine zerkleinern. Bei laufendem Motor etwa die Hälfte des Öls tropfenweise dazugeben, das restliche Öl in dünnem Strahl hinzufügen und unterarbeiten.

Die Orangen so dick schälen, dass die weiße Haut mit entfernt wird. Die Filets zwischen den Trennhäuten herausschneiden und in eine Schüssel geben. Brunnenkresse, Spinat, 2 EL Dressing und Pfeffer aus der Mühle hinzufügen und alles mischen.

Eine kleine beschichtete Pfanne erhitzen und mit Öl ausstreichen. Die Käsescheiben nacheinander hineingeben, andrücken und 1–2 Minuten braten, bis auf der Unterseite eine Kruste entstanden ist.

Die Hälfte des Salats auf vier Teller verteilen, die Käsescheiben mit den gebräunten Seiten nach oben darauf anrichten. Den restlichen Salat darübergeben und mit dem restlichen Dressing beträufeln.

Hähnchen-Nudel-Salat mit Minze

Für 4 Personen

250 g Hörnchennudeln
125 ml Olivenöl
1 große rote Paprikaschote, geviertelt
3 Hähnchenbrustfilets
6 Frühlingszwiebeln, in 2 cm breite
   Ringe geschnitten
4 Knoblauchzehen, in dünne
   Scheiben geschnitten
3 EL Minzeblätter, gehackt
75 ml Apfelessig
100 g zarter Blattspinat

Die Nudeln in reichlich Salzwasser nach Packungsangabe bissfest garen. Abgießen, abtropfen lassen und mit 1 EL Öl mischen. Die Paprikastücke mit den Hautseiten nach oben für 8–10 Minuten unter den heißen Backofengrill schieben, bis die Haut angekohlt ist und Blasen wirft. In einen Gefrierbeutel geben und abkühlen lassen, dann häuten und in dünne Streifen schneiden.

Die Hähnchenbrustfilets zwischen zwei Lagen Frischhaltefolie geben und mit dem Handballen etwas flach drücken. 1 EL Öl in einer großen Pfanne heiß werden lassen. Die Filets darin bei mittlerer Hitze pro Seite 2–3 Minuten braten, bis sie leicht gebräunt und durchgegart sind. Herausnehmen und in etwa 5 mm dicke Scheiben schneiden.

1 EL Öl in die Pfanne geben. Frühlingszwiebelringe mit Knoblauch und Paprika darin 2–3 Minuten unter Rühren weich dünsten. 2 EL Minze, den Essig und das restliche Öl hinzufügen und das Ganze warm werden lassen. Die Nudeln in einer großen Schüssel mit dem Fleisch, dem Spinat, der Zwiebelmischung und der restlichen Minze mischen. Den Salat abschmecken und warm servieren.

Blattsalate mit Schweinefilet und Käsecroûtons

Für 4 Personen

125 ml Olivenöl
1 große Knoblauchzehe, zerdrückt
400 g Schweinefilet, in $\frac{1}{2}$ cm dicke
  Scheiben geschnitten
1 kleines oder $\frac{1}{2}$ großes Baguette, in
  20 Scheiben (je $\frac{1}{2}$ cm dick)
  geschnitten
100 g Blauschimmelkäse, zerbröckelt
2 EL Sherry-Essig
$\frac{1}{2}$ TL Zucker
150 g gemischte Blattsalate

Das Olivenöl mit dem Knoblauch in ein Schraubdeckelglas geben. Das Glas schließen und kräftig schütteln. 2 EL Knoblauchöl in einer Pfanne erhitzen. Die Hälfte der Fleischscheiben darin pro Seite 1 Minute braten, dann herausnehmen und warm halten. Weitere 2 EL Knoblauchöl in die Pfanne geben, das restliche Fleisch darin braten. Herausnehmen und das Fleisch mit Salz und schwarzem Pfeffer aus der Mühle würzen.

Die Brotscheiben nebeneinander auf ein Backblech legen und mit etwas Knoblauchöl bestreichen. Unter dem heißen Backofengrill rösten, dann umdrehen und mit Käse bestreuen. Grillen, bis der Käse geschmolzen ist (das geht sehr schnell).

Den Essig und den Zucker zum restlichen Knoblauchöl geben. Das Glas verschließen und kräftig schütteln. Die Salatblätter in eine große Schüssel geben, das Fleisch hinzufügen und das Dressing dazugießen. Alles gut mischen, dann mit je 5 Croûtons auf vier Tellern anrichten. Sofort servieren.

Mais-Kichererbsen-Salat mit marinierten Garnelen

Für 4 Personen

1 Dose weiße Bohnen (400 g)
1 Dose Kichererbsen (400 g)
1 Dose Maiskörner (etwa 300 g)
1 TL abgeriebene unbehandelte
  Limettenschale
2 EL gehacktes Koriandergrün
2 EL Zitronensaft
1 EL Sesamöl
2 Knoblauchzehen, zerdrückt
2 TL geriebener frischer Ingwer
500 g rohe große Garnelen mit
  Schwänzen, geschält und entdarmt
Raps- oder Olivenöl, zum Braten
Limettenschnitze, zum Anrichten

Bohnen, Kichererbsen und Mais in ein Sieb geben, mit kaltem Wasser abspülen und gut abtropfen lassen. In eine Schüssel geben, mit Limettenschale und Koriandergrün mischen.

Zitronensaft, Sesamöl, Knoblauch und Ingwer in einer kleinen Schüssel zu einer Marinade verrühren. Die Garnelen hineinlegen und darin wenden, bis sie von der Marinade überzogen sind. Zudecken und für mindestens 3 Stunden kalt stellen.

Eine Pfanne bei starker Hitze heiß werden lassen. Die Garnelen darin 3–5 Minuten braten, bis sie rosa und nicht mehr glasig sind, dabei häufig mit Marinade bestreichen. Sofort mit dem Salat und Limettenschnitzen auf Tellern anrichten und servieren.

Warmer Pastasalat aus der Toskana

Für 6 Personen

500 g Rigatoni (kurze gerillte
Röhrennudeln)
75 ml Olivenöl
1 Knoblauchzehe, zerdrückt
1 EL Balsamico-Essig
1 Dose Artischockenherzen (425 g)
8 dünne Scheiben luftgetrockneter
Schinken, in Stücke geschnitten
80 g in Öl eingelegte Tomaten,
abgetropft und in dünne Scheiben
geschnitten
2 EL Basilikumblätter, in Streifen
geschnitten
75 g Rucola
40 g Pinienkerne, geröstet
50 g schwarze Oliven

Nudeln in reichlich kochendem Salzwasser nach Packungsangabe bissfest garen. Abgießen, gut abtropfen
lassen und in eine Schüssel geben.

Inzwischen Öl, Knoblauch und Essig
mit einem Schneebesen zu einem
Dressing verrühren. Das Dressing
unter die heißen Nudeln mischen, die
Nudeln etwas abkühlen lassen. Die
Artischockenherzen in einem Sieb
abtropfen lassen, dann vierteln und
mit Schinken, Tomaten, Basilikum,
Rucola, Pinienkernen und Oliven zu
den Nudeln geben.

Alles gut mischen und den Salat
mit Salz und Pfeffer aus der Mühle
abschmecken.

Geschmorter Radicchio

Für 4 Personen

1 kg Radicchio
2 EL Olivenöl
100 g durchwachsener Speck, in
   dünne Streifen geschnitten

Den Backofen auf 180 °C vorheizen.
Den Radicchio von den äußeren Blättern befreien und die Köpfe vierteln.

Das Öl in einem ofenfesten Schmortopf, in den die Radicchioviertel nebeneinander hineinpassen, erhitzen. Die Speckstreifen darin bei mittlerer Hitze braten, bis sie glasig, aber noch nicht knusprig sind. Den Radicchio hinzufügen und durch Wenden mit dem Fett überziehen. Zugedeckt im heißen Ofen 25–30 Minuten schmoren, bis er weich ist (zur Garprobe mit einem spitzen Messer hineinstechen). Während des Schmorens gelegentlich wenden. Anschließend mit Salz und Pfeffer aus der Mühle würzen und mit dem Schmorsud in eine vorgewärmte Servierschale geben. Sofort servieren.

Spinat mit Rosinen und Pinienkernen

Für 4 Personen

2 EL Pinienkerne
1 EL Olivenöl
1 kleine rote Zwiebel, in Ringe
  geschnitten
1 Knoblauchzehe, in dünne Scheiben
  geschnitten
500 g Blattspinat
2 EL Rosinen
1 Prise gemahlener Zimt

Die Pinienkerne in einer Pfanne bei mittlerer Hitze ohne Fett hellbraun rösten. Herausnehmen und zum Abkühlen auf einen Teller geben.

Das Olivenöl in der Pfanne heiß werden lassen. Die Zwiebelringe darin bei schwacher Hitze unter gelegentlichem Rühren in etwa 10 Minuten glasig dünsten. Den Knoblauch hinzufügen und bei mittlerer Hitze 1 Minute mitbraten.

Den Spinat waschen und tropfnass zu den Zutaten in der Pfanne geben. Rosinen und Zimt hinzufügen und alles zugedeckt 2 Minuten garen, bis der Spinat zusammengefallen ist. Die Pinienkerne unterrühren und das Ganze mit Salz und Pfeffer aus der Mühle abschmecken.

Salat mit gebratenem Gemüse und Pilzen

Für 4 Personen

1 weiße Rübe (z. B. Pastinake), in dünne Stifte geschnitten
2 TL Salz
2 EL Sesamöl
1 EL Öl
2 Knoblauchzehen, fein gewürfelt
1 große Zwiebel, in Ringe geschnitten
2 Selleriestangen, in Scheiben geschnitten
200 g Champignons, in Scheiben geschnitten
1 große Möhre, in dünne Stifte geschnitten
½ rote Paprikaschote, in dünne Streifen geschnitten
4 Frühlingszwiebeln, in breite Ringe geschnitten
80 g Pinienkerne, geröstet (siehe Tipp)

Dressing
60 ml Sojasauce
1 EL Weißweinessig
3 cm frischer Ingwer, in feine Streifen geschnitten
1–2 TL Zucker

Einen Teller mit Küchenpapier belegen. Die Rübenstifte daraufgeben und mit dem Salz bestreuen; 20 Minuten Wasser ziehen lassen. Kalt abspülen und mit Küchenpapier trocken tupfen.

Die Öle in einer großen Pfanne oder im Wok erhitzen und durch Schwenken verteilen. Rübenstifte, Knoblauchwürfel und Zwiebelringe darin bei mittlerer Hitze etwa 3 Minuten pfannenrühren, bis sie etwas Farbe angenommen haben.

Sellerie, Champignons, Möhrenstifte, Paprikastreifen und Frühlingszwiebelringe hinzufügen und alles verrühren. Zudecken; 1 Minute garen. Herausnehmen, beiseitestellen und abkühlen lassen.

Die Zutaten für das Dressing in einer Schüssel verrühren. Das Dressing zum abgekühlten Gemüse geben und untermischen. Den Salat auf einer Platte anrichten und mit den Pinienkernen bestreuen.

Tipp: Die Pinienkerne in einer Pfanne ohne Fett unter ständigem Rühren rösten, bis sie goldbraun sind und Duft aufsteigt. Vorsicht, sie verbrennen leicht!

Gegrilltes Gemüse mit Knoblauchmayonnaise

Für 8 Personen

2 Auberginen, in dünne Scheiben
  geschnitten
4 kleine Stangen Lauch, nur die hellen
  Teile, längs halbiert
4 kleine Zucchini, längs halbiert
2 rote Paprikaschoten, geviertelt
8 große flache Champignons, Stiele
  knapp abgeschnitten

Dressing
1 EL Balsamico-Essig
2 EL Dijonsenf
2 TL getrockneter Oregano
250 ml Olivenöl

Knoblauchmayonnaise
2 Eigelb
1 EL Zitronensaft
2 Knoblauchzehen, zerdrückt
250 ml Olivenöl
1 EL Schnittlauchröllchen
1 EL gehackte glatte Petersilie

Die Auberginenscheiben mit Salz bestreuen und 30 Minuten Wasser ziehen lassen; kalt abspülen und mit Küchenpapier trocken tupfen.

Für das Dressing den Essig in einer Schüssel mit Senf und Oregano verrühren. Nach und nach das Öl mit unterrühren. Backofengrill auf höchster Stufe vorheizen.

Auberginenscheiben, Lauch, Zucchini und Paprika auf ein Backblech legen und mit etwas Dressing bestreichen. Das Gemüse 5 Minuten grillen, dabei einmal wenden und gelegentlich mit Dressing bestreichen. Die Pilze mit den Hüten nach oben auf das Blech legen und mit Dressing bestreichen. Gemüse und Pilze 10 Minuten grillen, bis sie weich sind. Alles gelegentlich mit Dressing bestreichen, die Pilze einmal wenden.

Für die Mayonnaise Eigelbe, Zitronensaft und Knoblauch in die Küchenmaschine geben und 5 Sekunden mixen. Bei laufendem Motor das Öl in dünnem Strahl hinzufügen. Mixen, bis das Öl aufgebraucht und die Mayonnaise dick und cremig ist. Schnittlauch, Petersilie und 1 EL Wasser hinzufügen und in 3 Sekunden untermischen. Die Knoblauchmayonnaise zum gegrillten Gemüse servieren.

Salate aus aller Welt

Hühnersalat auf thailändische Art

Für 4 Personen

4 Hähnchenbrustfilets, in 1 cm breite
  Streifen geschnitten
1 TL geriebener frischer Ingwer
1 Knoblauchzehe, zerdrückt
2 EL Sojasauce
1 EL Erdnussöl
3 Frühlingszwiebeln, schräg in Ringe
  geschnitten
2 Möhren, in dünne Stifte (Julienne)
  geschnitten
50 g Erbsenkeimlinge (selbst gezogen,
  ersatzweise beliebige andere
  Keimlinge)

Dressing
2 EL süße Chilisauce
1 EL Reisessig
2 EL Erdnussöl

Das Hähnchenfleisch in eine Schale
legen. Ingwer, Knoblauch und Sojasauce verrühren und die Fleischstreifen damit einreiben. Zudecken und
für mindestens 2 Stunden – besser
über Nacht – kühl stellen; das Fleisch
gelegentlich wenden.

Kurz vor dem Servieren die Zutaten
für das Dressing in ein Schraubdeckelglas geben. Das Glas schließen und
kräftig schütteln.

Das Öl in einer Pfanne erhitzen. Das
Fleisch darin portionsweise bei mittlerer Hitze jeweils 3–4 Minuten kräftig
braten. Auf Küchenpapier abtropfen
und abkühlen lassen. Mit Frühlingszwiebelringen, Möhrenstiften und
Erbsenkeimlingen in eine Schüssel
geben. Das Dressing dazugießen und
alles kurz mischen. Sofort servieren.

Tunesischer Auberginensalat mit Salzzitronen

Für 4 Personen

2 große Auberginen, in 2 cm große
   Würfel geschnitten
1–2 TL Salz
125 ml Olivenöl
1 TL Kreuzkümmelsamen
2 Knoblauchzehen, in sehr dünne
   Scheiben geschnitten
1 EL Korinthen
1 EL gehobelte Mandeln
6 kleine Eiertomaten, längs geviertelt
1 TL getrockneter Oregano
2 rote Chilischoten, längs halbiert,
   von den Samen befreit
2 EL Zitronensaft
4 EL gehackte Petersilie
1/2 Salzzitrone (in Salz eingelegte
   Zitrone; Orientladen)
bestes Olivenöl, zum Beträufeln

Die Auberginenwürfel in ein großes Sieb geben und mit Salz bestreuen. Im Spülbecken 2–3 Stunden abtropfen lassen, dann mit Küchenpapier trocken tupfen.

Die Hälfte des Olivenöls in einem großen Topf bei mittlerer Hitze heiß werden lassen. Auberginenwürfel darin portionsweise je 5–6 Minuten braten, bis sie goldbraun sind; falls nötig, mehr Öl dazugeben. Auf Küchenpapier abtropfen lassen.

Das restliche Öl in den Topf geben. Kreuzkümmel, Knoblauch, Korinthen und Mandeln hinzufügen; bei schwacher Hitze 20–30 Sekunden beraten, bis der Knoblauch beginnt, Farbe anzunehmen. Tomaten und Oregano dazugeben und 1 Minute erwärmen. Den Topf vom Herd nehmen.

Die Salzzitrone schälen. Die Schale in dünne Streifen schneiden, den Rest der Zitrone wegwerfen.

Auberginen wieder in den Topf geben. Chilis, Zitronensaft, Petersilie und Zitronenschale hinzufügen. Mischen und mit schwarzem Pfeffer aus der Mühle würzen. Vor dem Servieren mindestens 1 Stunde durchziehen lassen. Abschmecken; mit Olivenöl beträufeln.

Kohlsalat auf asiatische Art

Für 4 Personen

200 g Rotkohl, in dünne Streifen
  geschnitten oder gehobelt
200 g Chinakohl, in dünne Streifen
  geschnitten
1 große Möhre
1 kleine rote Zwiebel, in Ringe
  geschnitten
1 rote Chilischote, von den Samen
  befreit und in dünne Streifen
  geschnitten
100 g Zuckerschoten, in dünne
  Streifen geschnitten
1 kleine Handvoll Thai-Basilikum,
  in Stücke gezupft
4 EL grob gehackte geröstete
  Erdnusskerne

Dressing
2 EL Limettensaft
1½ EL geriebener frischer Ingwer
100 g saure Sahne
1 TL Fischsauce
1 Knoblauchzehe, zerdrückt

Rot- und Chinakohl in einer Schüssel
mischen. Die Möhre mit einem Spar-
schäler längs in Streifen schneiden.
Die Möhrenstreifen mit Zwiebelringen,
Chili- und Zuckerschotenstreifen,
Basilikum und 2 EL Erdnüssen zum
Kohl geben und alles mischen.

Die Zutaten für das Dressing in einer
kleinen Schüssel mit einem Schneebesen verrühren. Das Dressing zum
Salat gießen und gut untermischen.
Den Salat mit den restlichen Erdnüssen bestreuen und mit Raumtemperatur servieren.

Russischer Salat

Für 4–6 Personen

Mayonnaise
2 Eier, getrennt
1 TL Dijonsenf
125 ml Olivenöl
2 EL Zitronensaft
2 kleine Knoblauchzehen, zerdrückt

3 festkochende Kartoffeln, ungeschält
100 g zarte grüne Bohnen, in 1 cm
 lange Stücke geschnitten
1 große Möhre, in 1 cm große Würfel
 geschnitten
125 g Erbsen, frisch oder tiefgekühlt
3 Artischockenherzen (Dose),
 geviertelt
30 g kleine Gewürzgurken (Cornichons), fein gewürfelt
2 EL sehr kleine Kapern (Nonpareilles)
4 Sardellenfilets, fein gehackt
10 schwarze Oliven, jede in 3 Scheiben geschnitten
5 schwarze Oliven, zum Garnieren

Für die Mayonnaise die Eigelbe mit den Quirlen des elektrischen Handrührgeräts mit dem Senf und ¼ TL Salz cremig rühren. Nach und nach unter ständigem Rühren das Öl in dünnem Strahl hinzufügen. Rühren, bis das Öl aufgebraucht ist. Zitronensaft, Knoblauch und 1 TL kochend heißes Wasser hinzufügen. 1 Minute rühren, bis eine dicke Creme entstanden ist. Mayonnaise abschmecken.

Die Kartoffeln in einem Topf mit Salzwasser bedecken. Wasser aufkochen; die Kartoffeln in 15–20 Minuten darin weich kochen (zur Garprobe mit einem spitzen Messer hineinstechen). Kartoffeln pellen, auskühlen lassen und in 1 cm große Würfel schneiden.

Die Bohnen in kochendem Salzwasser bissfest garen. Herausheben, in kaltem Wasser abschrecken und gut abtropfen lassen. Mit Möhrenwürfeln und Erbsen ebenso verfahren.

Von jedem Gemüse etwas für die Garnitur beiseitelegen (auch von den Cornichons) und würzen. Den Rest mit Kapern, Sardellen und Oliven in eine Schüssel geben. Die Mayonnaise hinzufügen; alles mischen. Den Salat abschmecken und in einer Schüssel anrichten. Mit dem restlichen Gemüse sowie den ganzen Oliven garnieren.

Lammfleischsalat auf nordindische Art

Für 4 Personen

250 g Joghurt
2 Knoblauchzehen, zerdrückt
2 TL geriebener frischer Ingwer
2 TL gemahlene Kurkuma
2 TL Garam Masala
1/4 TL edelsüßes Paprikapulver
2 TL gemahlener Koriander
rote Speisefarbe (nach Belieben)
500 g Lammrückenfilets (Lammlachse)
4 EL Zitronensaft
1 1/2 TL gehacktes Koriandergrün
1 TL gehackte Minze
150 g gemischte Blattsalate
1 große Mango, geschält und in
  Streifen geschnitten
1 kleine Salatgurke, in streichholzgroße Stifte geschnitten

Den Joghurt in einer Schüssel mit Knoblauch, Ingwer und Gewürzen zu einer Marinade verrühren, nach Belieben einige Tropfen Speisefarbe untermischen. Das Fleisch in die Marinade legen und durch Wenden damit gleichmäßig überziehen. Zudecken und über Nacht kalt stellen.

Ein Backblech mit Alufolie belegen. Die Lammrückenfilets darauflegen und für 7 Minuten unter den heißen Backofengrill schieben, dann wenden und weitere 7 Minuten grillen; die Marinade sollte dann leicht gebräunt sein. Das gegrillte Fleisch 5 Minuten ruhen lassen.

Den Zitronensaft mit Koriandergrün und Minze sowie Salz und Pfeffer aus der Mühle zu einem Dressing verrühren. Salatblätter, Mangostreifen und Gurkenstifte in eine Schüssel geben und mit dem Dressing mischen. Den Salat auf Teller verteilen. Das Fleisch in Scheiben schneiden und auf dem Salat anrichten.

Asia-Salat mit gebratenem Lachs

Für 4 Personen

4 Stücke Lachsfilet (je 125 g)
1 EL Öl
2 EL Limettensaft
1 EL Sojasauce
2 EL flüssiger Honig
2 reife Mangos, in dünne Scheiben geschnitten
200 g Mungobohnensprossen
1 Romanasalatherz, die Blätter abgelöst
1 Handvoll Korianderblätter

Dressing
1 EL Öl
1 EL Fischsauce
2 EL Limettensaft
1 kleine rote Chilischote, von den Samen befreit, fein gehackt
1/2 TL Zucker

Mit einer Pinzette eventuell im Fisch verbliebene Gräten herausziehen. Die Filets in eine Schale legen. Öl, Limettensaft, Sojasauce und Honig mit einem Schneebesen zu einer Marinade verrühren. Die Lachsfilets gleichmäßig damit beträufeln. Zudecken und 30 Minuten kalt stellen.

Inzwischen die Zutaten für das Dressing in einer kleinen Schüssel mit einem Schneebesen verrühren.

Eine Grillpfanne bei starker Hitze heiß werden lassen. Soll der Fisch innen noch rosa sein, die Filets auf einer Seite 5 Minuten braten, dann wenden und weitere 4 Minuten braten. Soll der Fisch durchgegart sein, die zweite Seite 5 Minuten braten. Die tatsächliche Garzeit hängt von der Dicke der Filets ab und davon, wie heiß die Pfanne ist. Den Fisch kurz abkühlen lassen, dann zerpflücken.

Mangoscheiben, Sprossen und Salatblätter mit dem Fisch in eine Schüssel geben und alles behutsam mischen. Den Salat mit dem Dressing beträufeln, mit Korianderblättern bestreuen und sofort servieren.

Tipp: Das Dressing erst unmittelbar vor dem Servieren zum Salat geben, damit Sprossen und Salatblätter nicht matschig werden.

Hähnchensalat auf polynesische Art

Für 4 Personen

250 ml Kokosmilch
1 EL Fischsauce
1 EL geriebener Palmzucker (siehe Tipp)
4 Hähnchenbrustfilets
2 Mangos, in dünne Scheiben geschnitten
4 Frühlingszwiebeln, in Ringe geschnitten
1 EL Korianderblätter
50 g geröstete ungesalzene Macadamianusskerne, grob gehackt

Dressing
2 EL Öl
1 TL abgeriebene unbehandelte Limettenschale
2 EL Limettensaft

Kokosmilch, Fischsauce und Zucker in eine Pfanne geben und unter Rühren aufkochen lassen. Die Hähnchenbrustfilets hineingeben und bei schwacher Hitze zugedeckt 10 Minuten garen. In der Flüssigkeit abkühlen lassen, dann herausnehmen und die Flüssigkeit in einen Krug gießen.

Für das Dressing 125 ml Garflüssigkeit und das Öl mit Limettenschale und -saft in einer kleinen Schüssel mit einem Schneebesen zu einem Dressing verrühren. Mit Salz und Pfeffer aus der Mühle abschmecken.

Die Hähnchenbrustfilets schräg in lange Scheiben schneiden. Fleischscheiben auf vier Tellern oder einer Servierplatte anrichten. Das Dressing darübergeben, Mangoscheiben, Frühlingszwiebeln, Korianderblätter und Nüsse darauf verteilen.

Tipp: Palmzucker wird aus dem Saft der Palmyra- oder Zuckerpalme hergestellt. Er ist in Blockform oder in Dosen im Handel. Vor der Verwendung muss er gerieben oder bei schwacher Hitze geschmolzen werden. Palmzucker kann durch weißen oder braunen Zucker ersetzt werden.

Thailändischer Nudelsalat

Für 4 Personen

250 g Instant-Eiernudeln
500 g gegarte große Garnelen mit
  Schwänzen, geschält und entdarmt
5 Frühlingszwiebeln, in Ringe
  geschnitten
2 EL gehacktes Koriandergrün
1 rote Paprikaschote, gewürfelt
100 g Zuckerschoten, längs in dünne
  Streifen geschnitten
Limettenschnitze, zum Servieren

Dressing
2 EL geriebener frischer Ingwer
2 EL Sojasauce
2 EL Sesamöl
4 EL Rotweinessig
1 EL süße Chilisauce
2 Knoblauchzehen, zerdrückt
4 EL Ketjap Manis (süße Sojasauce)

Die Nudeln nach Packungsangabe
einweichen. Abgießen und abtropfen
lassen, dann in einer großen Schüssel
abkühlen lassen.

Die Zutaten für das Dressing in einer
Schüssel mit einem Schneebesen verrühren. Das Dressing zu den Nudeln
geben und untermischen. Garnelen,
Frühlingszwiebelringe, Koriandergrün,
Paprikawürfel und Zuckerschotenstreifen hinzufügen und alles behutsam mischen. Zum Salat Limettenschnitze reichen.

Pfeffriger griechischer Lammfleischsalat

Für 4 Personen

300 g Lammrückenfilets (Lammlachse)
1½ EL geschroteter schwarzer Pfeffer
1 TL getrockneter Oregano
2 EL Olivenöl
3 große Rispentomaten, längs geachtelt
2 kleine Salatgurken, in 1–2 cm große Stücke geschnitten
150 g Kalamata-Oliven in Zitronen-Knoblauch-Öl, abgetropft (1½ EL Öl auffangen)
100 g Feta (Schafskäse), in Würfel geschnitten
1 EL Zitronensaft

Das Fleisch in dem geschroteten Pfeffer wenden, den Pfeffer mit den Händen andrücken. Zudecken und für 15 Minuten kalt stellen.

Tomatenachtel, Gurkenwürfel, Oliven, Feta und ½ TL Oregano in eine große Schüssel geben.

Eine Grillpfanne mit Öl ausstreichen und sehr heiß werden lassen. Lammrückenfilets darin je nach gewünschtem Gargrad pro Seite 2–3 Minuten braten; warm halten.

Zitronensaft, restliches Olivenöl, aufgefangenes Zitronen-Knoblauch-Öl, den restlichen Oregano und schwarzen Pfeffer aus der Mühle in einer kleinen Schüssel mit einem Schneebesen zu einem Dressing verrühren. Die Hälfte davon zum Salat geben und untermischen. Den Salat auf einer Servierplatte anrichten.

Das Fleisch schräg in knapp 1 cm dicke Scheiben schneiden. Die Scheiben auf dem Salat anrichten und mit dem restlichen Dressing beträufeln. Sofort servieren.

Hähnchensalat mit Bohnen, Zuckerschoten und Spargel auf japanische Art

Für 6–8 Personen

3 schwarze Pfefferkörner
3 Scheiben frischer Ingwer
3 Frühlingszwiebeln, in Ringe
  geschnitten
4 Hähnchenbrustfilets
200 g Zuckerschoten
200 g grüner Spargel, von holzigen
  Enden befreit, in 4 cm lange Stücke
  geschnitten
100 g zarte grüne Bohnen, in 4 cm
  lange Stücke geschnitten

Dressing
1 TL Sesamöl
2 TL weißes Miso (japanische Sojabohnenpaste)
3 EL Mirin (süßer japanischer Reiswein) oder Medium-Sherry
3 EL Sojasauce
2 EL gewürzter Reisessig (Sushi-
  Essig)
2 EL schwarze Sesamsamen

Eine Pfanne mit hohem Rand halb hoch mit Wasser füllen. Pfeffer, Ingwer, Frühlingszwiebelringe und die Hähnchenbrustfilets hineingeben. Bei schwacher Hitze etwa 20 Minuten köcheln lassen, bis das Fleisch gar ist. Das Fleisch herausnehmen und etwas abkühlen lassen.

Zuckerschoten, Spargel und Bohnen bissfest dämpfen, dann auf einer Platte anrichten. Das Hähnchenfleisch in dünne Streifen schneiden und diese auf dem Gemüse anrichten.

Die Zutaten für das Dressing in einen kleinen Topf geben und bei mittlerer Hitze mit einem Schneebesen rühren, bis die Misopaste sich aufgelöst hat.

Den Salat mit dem Dressing beträufeln und mit dem schwarzen Sesam bestreuen. Sofort servieren.

Mediterraner Linsensalat

Für 4–6 Personen

1 große rote Paprikaschote, in große
  Stücke geschnitten
1 große gelbe Paprikaschote, in große
  Stücke geschnitten
250 g rote Linsen
1 rote Zwiebel, fein gewürfelt
1 kleine Salatgurke, gewürfelt

Dressing
75 ml Olivenöl
2 EL Zitronensaft
1 TL gemahlener Kreuzkümmel
2 Knoblauchzehen, zerdrückt

Den Backofengrill vorheizen. Die Paprikastücke grillen, bis ihre Haut angekohlt und blasig ist. In einen Gefrierbeutel geben und abkühlen lassen. Häuten und in 5 mm breite Streifen schneiden.

Die Linsen 10 Minuten in kochendem Wasser garen – nicht länger, damit sie nicht zu weich werden und zerfallen. Abgießen und gut abtropfen lassen. Paprikastreifen, Linsen, Zwiebel- und Gurkenwürfel in eine Schüssel geben und mischen.

Die Zutaten für das Dressing mit Salz und Pfeffer aus der Mühle in eine Schüssel geben und verrühren. Das Dressing zum Salat geben und gut untermischen. Den Linsensalat zudecken und 4 Stunden kalt stellen; vor dem Servieren Raumtemperatur annehmen lassen.

Vietnamesischer Gurkensalat mit gedämpftem Fisch

Für 4 Personen

Salat
1 TL Limettensaft
2 EL süße Chilisauce
1–2 EL Fischsauce
½–1 EL geriebener Palmzucker
oder feiner Rohrzucker
4 kleine Salatgurken, in 2 cm große
  Stücke geschnitten
½ rote Zwiebel, in Halbringe
  geschnitten
1 große Birne
1 kleine Handvoll Vietnamesischer
  Koriander
1 kleine Handvoll Thai-Basilikum

2 Stängel Zitronengras, fein gehackt
75 ml Fischsauce
50 g Palmzucker oder Zucker
600 g Kabeljaufilet
80 g geröstete ungesalzene Erdnusskerne, gehackt

Für den Salat den Limettensaft in einer großen Schüssel mit Chilisauce, Fischsauce und Zucker verrühren. Gurke und Zwiebel hinzufügen. Birne vierteln, vom Kerngehäuse befreien und in dünne Scheiben schneiden. Diese ebenfalls in die Schüssel geben. Die Hälfte von Koriander und Basilikum hacken; in die Schüssel geben. Alles mischen, zudecken und 2 Stunden kalt stellen.

Inzwischen Zitronengras, Fischsauce und Zucker in einer großen Schüssel zu einer Marinade verrühren. Kabeljau in 1 cm dicke Stücke schneiden, in die Marinade geben und durch Wenden damit überziehen. Schüssel mit Frischhaltefolie verschließen und für 1 Stunde in den Kühlschrank stellen.

Den Boden eines großen Dämpfkorbs mit Backpapier belegen. So viele Fischstücke hineinlegen, wie nebeneinander passen. Korb schließen und in den Wok oder einen großen Topf über kochendes Wasser setzen. Den Fisch 4 Minuten dämpfen, bis die Stücke gar sind. Mit den restlichen Fischstücken ebenso verfahren.

Zum Servieren die restlichen Korianderblätter und die Erdnüsse unter den Salat heben. Salat auf vier Teller verteilen, den Fisch darauf anrichten; mit dem restlichen Basilikum bestreuen.

Toskanischer Brotsalat

Für 6 Personen

200 g Ciabatta-Brot
8 Rispentomaten
75 ml Olivenöl
1 EL Zitronensaft
1½ EL Rotweinessig
6 Sardellenfilets, fein gehackt
1 EL sehr kleine Kapern (Nonpareilles), fein gehackt
1 Knoblauchzehe, zerdrückt
1 Bund Basilikum, Blätter abgezupft

Den Backofen auf 220 °C vorheizen. Das Brot in 2 cm große Stücke teilen. Auf einem Backblech verteilen und im Ofen 5–7 Minuten rösten.

Die Tomaten unten kreuzförmig einritzen. Mit kochend heißem Wasser überbrühen, kurz ziehen lassen und abschrecken. Die Tomaten häuten. 4 Tomaten halbieren. Saft und Kerne in eine Schüssel drücken, das Fruchtfleisch würfeln und beiseitestellen. Olivenöl, Zitronensaft, Essig, Sardellen, Kapern und Knoblauch zu der Tomatenflüssigkeit geben und alles zu einem Dressing verrühren. Das Dressing mit Salz und Pfeffer aus der Mühle abschmecken.

Die restlichen Tomaten von den Kernen befreien und in Streifen schneiden. Die Streifen mit den Tomatenwürfeln und dem meisten Basilikum in eine Schüssel geben. Das Dressing und die Brotwürfel hinzufügen und alles mischen. Salat abschmecken, mit den restlichen Basilikumblättern garnieren und mindestens 15 Minuten durchziehen lassen. Mit Raumtemperatur servieren.

Chili-Kalmare mit asiatischem Nudelsalat

Für 4 Personen

8 küchenfertige Kalmartuben
300 g getrocknete Udon-Nudeln
(japanische Weizennudeln)
1 kleine rote Paprikaschoten, in
dünne Streifen geschnitten
3 rote Schalotten, schräg in dünne
Ringe geschnitten
200 g asiatische Blattsalate
200 g Mungobohnensprossen
Öl, zum Braten

Marinade
Schale und Saft von 1 unbehandelten
Zitrone
2 EL süße Chilisauce
1 EL geriebener Palmzucker oder
1 EL brauner Zucker
1 TL Rapsöl

Dressing
3 EL Zitronensaft
3 EL Reisessig
2 EL geriebener Palmzucker oder
2 EL brauner Zucker
1½ EL Fischsauce
1 kleine rote Chilischote, von den
Samen befreit, gehackt

Die Kalmartuben an einer Seite aufschneiden. Die Innenseiten dicht an dicht rautenförmig ein-, aber nicht durchschneiden. Die Tuben in 5 cm große Stücke schneiden. Alle Zutaten für die Marinade in einer großen Schüssel verrühren. Die Kalmarstücke in der Marinade wenden und für mindestens 30 Minuten kalt stellen.

Inzwischen die Nudeln in reichlich kochendem Wasser nach Packungsangabe garen. Abgießen, kalt abspülen und gut abtropfen lassen. Nach Belieben mit einer Küchenschere in kurze Stücke schneiden.

Paprikastreifen, Schalottenringe, Salatblätter, Sprossen und Nudeln in eine Schüssel geben.

Die Zutaten für das Zitronendressing in einer Schüssel verrühren. Die Kalmarstücke abtropfen lassen. Eine Pfanne dünn mit Öl ausstreichen und bei starker Hitze heiß werden lassen. Die Kalmarstücke darin unter Rühren 2 Minuten braten, bis sie gar sind. Mit dem Zitronendressing unter den Salat mischen. Sofort servieren.

Australischer Fenchel-Orangen-Mandel-Salat

Für 4 Personen

2 Fenchelknollen
3 Orangen
100 g gehobelte Mandeln
150 g cremiger Blauschimmelkäse, zerbröckelt
50 g in Öl eingelegte Paprikaschote (siehe Tipp), in dünne Streifen geschnitten

Dressing
75 ml Orangensaft
1 EL Rotweinessig
1 TL Sesamöl

Die Fenchelknollen in dünne Streifen schneiden. Die Orangen so dick schälen, dass die weiße Haut mit entfernt wird. Die Orangenfilets zwischen den Trennhäuten herausschneiden. Die gehobelten Mandeln in einer Pfanne ohne Fett goldbraun rösten.

Den Fenchel in einer Schüssel mit den Orangenfilets und den Mandeln mischen. Käse und Paprikastreifen behutsam unterheben.

Die Zutaten für das Dressing in einer kleinen Schüssel verrühren. Den Salat mit dem Dressing beträufeln und sofort servieren.

Tipp: Die eingelegte Paprika mit Küchenpapier abtupfen, um überschüssiges Öl zu entfernen.

Salat mit mariniertem Hähnchenfleisch auf indische Art

Für 4 Personen

60 ml Zitronensaft
1 ½ TL Garam masala
1 TL gemahlene Kurkuma
1 EL fein geriebener frischer Ingwer
2 Knoblauchzehen, fein gewürfelt
3 ½ EL Öl
400 g Hähnchenbrustfilet
1 Zwiebel, in dünne Ringe geschnitten
2 Zucchini, schräg in dünne Scheiben geschnitten
100 g Brunnenkresseblätter
150 g Erbsen
2 vollreife Tomaten, fein gewürfelt
1 Bund Koriandergrün

Dressing
1 TL Kreuzkümmelsamen
½ TL Koriandersamen
100 g Joghurt
2 EL gehackte Minze
2 EL Zitronensaft

Den Zitronensaft in einer Schüssel mit Garam masala, Kurkuma, Ingwer, Knoblauch und 2 TL Öl zu einer Marinade verrühren. Hähnchenfleisch mit Zwiebelringen hineinlegen und durch Wenden mit der Marinade überziehen. Zudecken und 1 Stunde kalt stellen.

Die Zwiebelringe aus der Marinade nehmen und wegwerfen. 2 EL Öl in einer großen Pfanne heiß werden lassen. Das Fleisch darin pro Seite 4–5 Minuten braten, bis es durchgegart ist. Herausnehmen und 5 Minuten ruhen lassen, dann in 1 cm dicke Scheiben schneiden.

Das restliche Öl in der Pfanne erhitzen. Die Zucchini darin 2 Minuten braten, bis sie leicht gebräunt und weich sind. In eine Schüssel geben und mit der Brunnenkresse mischen. Die Erbsen in kochendem Wasser in 5 Minuten bissfest garen. Mit Tomatenwürfeln, Fleisch und Koriandergrün zu Zucchini und Brunnenkresse geben und alles mischen.

Für das Dressing Kreuzkümmel- und Koriandersamen in einer Pfanne ohne Fett 1–2 Minuten rösten, bis Duft aufsteigt. Herausnehmen und im Mörser fein zerstoßen. Mit Joghurt, Minze und Zitronensaft verrühren. Joghurt-Dressing unter den Salat heben.

Japanischer Daikon-Salat mit Sashimi

Für 4 Personen

Dip

125 ml japanische Sojasauce
1 TL geriebener frischer Ingwer
1 Prise Zucker

Salat

150 g Daikon (japanischer Rettich),
  geschält
1 kleine Bio-Salatgurke
1 Möhre, geschält
4 cm frischer Ingwer, geschält
3 Frühlingszwiebeln, schräg in dünne
  Ringe geschnitten
$1/2$ TL Sesamsamen, geröstet
2 TL Reisessig
2 TL japanische Sojasauce
2 TL Mirin (japanischer süßer
  Reiswein)
1 Noriblatt (japanisches Meeresalgen-
  blatt)
250 g Lachs (Sushi-Qualität)
250 g Thunfisch (Sushi-Qualität)
Wasabi-Paste (japanische Meer-
  rettichpaste), zum Servieren

Die Zutaten für den Dip in einer kleinen Schüssel verrühren, bis der Zucker sich aufgelöst hat. Dip auf vier Schälchen verteilen und diese auf vier Teller stellen.

Für den Salat Daikon, Gurke und Möhre längs in Streifen hobeln oder die Streifen mit einem Sparschäler abziehen. Die Streifen in eine große Schüssel geben. Ingwer in dünne Stifte schneiden und diese ebenfalls in die Schüssel geben.

Kurz vor dem Servieren Frühlingszwiebeln, Sesam, Reisessig, Sojasauce und Mirin hinzufügen; alles mischen. Den Salat auf die Teller verteilen.

Noriblatt mit einer Schere in dünne Streifen schneiden und diese auf die Salatportionen verteilen. Lachs und Thunfisch mit einem scharfen Messer in 5 mm dicke Scheiben schneiden. Diese in Reihen auf dem Salat anrichten. Auf jeden Teller etwas Wasabi-Paste geben. Sofort servieren.

Lammfleisch auf Pistazien-Couscous auf marokkanische Art

Für 4 Personen

Gewürzmischung
2 Knoblauchzehen, zerdrückt
1 TL gemahlener Kreuzkümmel
1 TL Harissa (scharfe nordafrikanische Würzpaste)
1 TL gemahlener Koriander

125 ml Olivenöl
2 große Handvoll Koriandergrün, fein gehackt
2 EL Zitronensaft
3 EL gehackte Petersilie
1/2 TL gemahlene Kurkuma
2 Lammrückenfilets (Lammlachse; je etwa 300 g)
250 g stichfester Joghurt
50 g zarte Rucolablätter

Pistazien-Couscous
1 Dose Kichererbsen (400 g)
125 ml Orangensaft
2 EL Zitronensaft
1/2 TL gemahlener Zimt
250 g Instant-Couscous
50 g Butter
35 g Korinthen
50 g Pistazienkerne, gehackt
3 EL gehackte Petersilie

Die Zutaten für die Gewürzmischung verrühren. Das Öl in einer Schüssel mit der Hälfte der Gewürzmischung sowie Koriander, Zitronensaft, Petersilie und Kurkuma verrühren. Fleisch hineingeben und durch Wenden damit überziehen. Zudecken; 1 Stunde kalt stellen. Joghurt mit der restlichen Gewürzmischung verrühren. Zudecken; bis zur Verwendung kalt stellen.

Für den Pistazien-Couscous die Kichererbsen in einem Sieb abtropfen lassen. Orangen- und Zitronensaft mit Wasser auf 300 ml auffüllen. Mit dem Zimt in einem Topf aufkochen; vom Herd nehmen. Den Couscous hineinschütten und zugedeckt 5 Minuten quellen lassen. Butter hinzufügen und den Couscous mit einer Gabel auflockern. Korinthen, Pistazien, Kichererbsen und Petersilie unterheben.

Inzwischen eine Grillpfanne erhitzen. Das Fleisch aus der Marinade heben und abtropfen lassen. Pro Seite 2 Minuten braten, bis es außen braun, innen aber noch rosa ist. Herausnehmen, mit Alufolie bedecken und 5 Minuten ruhen lassen; quer zur Faser in Scheiben schneiden.

Den Couscous auf Teller verteilen. Rucola und Fleischscheiben darauf anrichten und etwas Joghurt daraufgeben. Sofort servieren.

Asiatischer Hähnchensalat mit Ingwerdressing

Für 4 Personen

600 g Hähnchenbrustfilet
1 große Möhre, in dünne Stifte (Julienne) geschnitten
1 kleine Salatgurke, in dünne Stifte (Julienne) geschnitten
100 g zartes asiatisches Blattgemüse
200 g Mungobohnensprossen
3 Frühlingszwiebeln, schräg in Ringe geschnitten
1 kleine Handvoll Thai-Basilikum-Blätter

Dressing
2 EL chinesischer schwarzer Essig (Jinjiang)
2 EL Ketjap Manis (süße indonesische Sojasauce)
1½ EL Sojasauce
1 TL Sesamöl
2 EL Erdnussöl
5 cm frischer Ingwer, gerieben

Eine Grillpfanne bei mittlerer Hitze heiß werden lassen. Die Hähnchenbrustfilets darin 6–8 Minuten braten, dann wenden und etwa 5 Minuten weiterbraten, bis sie gar sind – die tatsächliche Garzeit hängt von der Dicke der Filets ab. Herausnehmen und etwas abkühlen lassen.

Inzwischen für das Dressing Essig, Ketjap Manis und Sojasauce in einer Schüssel verrühren. Sesam- und Erdnussöl darunterschlagen, dann den Ingwer unterrühren.

Das Hähnchenfleisch in Streifen oder Scheiben schneiden und in einer großen Schüssel mit Möhren- und Gurkenstiften und dem Blattgemüse mischen. Das Dressing dazugießen und behutsam untermischen. Den Salat mit den Sprossen und dem Basilikum bestreuen und servieren.

Nordafrikanischer Brotsalat (Fattoush)

Für 6 Personen

2 Pitabrote (je etwa 17 cm Ø)
6 Romanasalatblätter, in Streifen
  geschnitten
1 Salatgurke, gewürfelt
4 Tomaten, in 1 cm große Stücke
  geschnitten
8 Frühlingszwiebeln, gehackt
4 EL fein gehackte glatte Petersilie
1 EL fein gehackte Minze
2 EL fein gehacktes Koriandergrün

Dressing
2 Knoblauchzehen, zerdrückt
100 ml Olivenöl
100 ml Zitronensaft

Den Backofen auf 180 °C vorheizen. Die Brote quer halbieren. Die Hälften auf ein Backblech legen und im Ofen 8–10 Minuten rösten; nach der Hälfte der Zeit wenden. Die Brote in Stücke brechen.

Die Zutaten für das Dressing in einer Schüssel mit einem Schneebesen verrühren.

Das Brot und die restlichen Salatzutaten in einer Schüssel mischen. Das Dressing auf den Salat träufeln und untermischen. Das Ganze mit Salz und schwarzem Pfeffer aus der Mühle abschmecken und sofort servieren.

Indonesischer Rindfleisch-salat mit Erdnusssauce

Für 4 Personen

2 TL Tamarindenmark
½ TL Sesamöl
2 EL Sojasauce
2 TL Zucker
2 Knoblauchzehen, zerdrückt
1 EL Limettensaft
3 Rinderhüftsteaks (je 200 g)
1 EL Erdnussöl
6 große Romanasalatblätter, in
   Streifen geschnitten
1 rote Paprikaschote, in dünne Stifte
   (Julienne) geschnitten
175 g Mungobohnensprossen
2 EL indonesische Röstzwiebeln
   (Bawang Goreng)

Erdnusssauce
6 rote Schalotten
1 Knoblauchzehe
2 rote Chilischoten, gehackt
½ TL Garnelenpaste
2 TL Erdnussöl
250 ml Kokosmilch
1 EL Limettensaft
125 g ungesalzene geröstete Erdnusskerne, fein zerkleinert
1 EL Ketjap Manis (süße Sojasauce)
1 EL brauner Zucker
1 EL Fischsauce
2 Kaffirlimettenblätter

Tamarindenmark mit 60 ml kochend heißem Wasser mischen. Abkühlen lassen; mit den Fingerspitzen zerdrücken. Durch ein Sieb gießen, Flüssigkeit auffangen, Siebinhalt wegwerfen.

Sesamöl, Sojasauce, Zucker, Knoblauch, Limettensaft und 2 EL Tamarindenwasser in einer Schüssel verrühren. Fleisch darin wenden. Zudecken und 2 Stunden kalt stellen.

Für die Erdnusssauce Schalotten, Knoblauch, Chilis und Garnelenpaste im Blitzhacker zu einer Paste verarbeiten. Das Öl in einer Pfanne erhitzen und die Paste darin 3 Minuten braten. Kokosmilch, Limettensaft, Erdnüsse, restliches Tamarindenwasser, Ketjap Manis, Zucker, Fischsauce und Limettenblätter hinzufügen. Das Ganze bei mittlerer Hitze köcheln lassen, bis die Flüssigkeit eingedickt ist. Mit 125 ml Wasser verdünnen, etwa 2 Minuten kochen lassen. Abschmecken.

Erdnussöl in einer Pfanne erhitzen. Fleisch darin pro Seite 3 Minuten braten; dann ist es innen noch rosa. 3 Minuten ruhen lassen; in dünne Scheiben schneiden. Diese in einer Schüssel mit Romanasalat, Paprika und Sprossen mischen. Salat auf Teller häufen, mit Sauce beträufeln und mit Röstzwiebeln bestreuen.

Italienischer Tomatensalat

Für 6 Personen

6 Eiertomaten
2 TL Kapern
6 Basilikumblätter, in Stücke gezupft
1 EL Olivenöl
1 EL Balsamico-Essig
2 Knoblauchzehen, zerdrückt
½ TL flüssiger Honig

Den Backofengrill vorheizen. Die Tomaten längs vierteln, die Viertel auf ein Backblech legen und 4–5 Minuten grillen, bis sie Farbe angenommen haben. Auf Raumtemperatur abkühlen lassen und in eine Schüssel geben.

Kapern, Basilikum, Olivenöl, Balsamico-Essig, Knoblauch und Honig mit Salz und schwarzem Pfeffer aus der Mühle in eine Schüssel geben und zu einem Dressing verrühren. Das Dressing zu den Tomaten gießen und behutsam unterheben.

Thailändischer Rindfleischsalat

Für 4 Personen

600 g Rinderlende
2 EL Fischsauce
1 EL Erdnussöl
2 Rispentomaten, längs geachtelt
½ Kopfsalat, Blätter abgelöst

Dressing
1 kleine rote Chilischote, grob gehackt
4 EL Fischsauce
4 rote Schalotten, in dünne Ringe geschnitten
2 Frühlingszwiebeln, schräg in dünne Scheiben geschnitten
4 EL Minzeblätter
4 EL Korianderblätter
1 Knoblauchzehe, zerdrückt
100 ml Limettensaft
2 TL geriebener Palmzucker oder 2 TL brauner Zucker

Das Fleisch in eine Schüssel geben und mit der Fischsauce begießen. Zudecken und 3 Stunden marinieren, dabei gelegentlich wenden.

Ein Backblech in den Ofen schieben und den Ofen auf 220 °C vorheizen. Öl in einer Pfanne bei starker Hitze heiß werden lassen. Das Fleisch darin pro Seite 1 Minute anbraten, auf das heiße Backblech legen und im Ofen 15 Minuten garen – dann ist es innen noch kräftig rosa. Herausnehmen, locker mit Alufolie bedecken und etwa 10 Minuten ruhen lassen.

Inzwischen für das Dressing eine kleine beschichtete Pfanne bei mittlerer bis starker Hitze heiß werden lassen. Die gehackte Chilischote darin ohne Fett 1–2 Minuten rösten, bis sie dunkel, aber nicht verbrannt ist, dann im Mörser fein zerstoßen. Mit den restlichen Zutaten für das Dressing in einer Schüssel verrühren, bis der Zucker sich aufgelöst hat.

Das Fleisch in dünne Scheiben schneiden und diese in einer Schüssel mit dem Dressing und den Tomatenachteln mischen.

Eine Servierplatte mit den Salatblättern belegen. Den Salat darauf anrichten und warm servieren.

Mexicana-Salat

Für 10–12 Personen

250 g getrocknete Augenbohnen
250 g getrocknete rote Kidneybohnen
500 g Süßkartoffeln
1 große rote Zwiebel, gewürfelt
1 große grüne Paprikaschote,
  in Würfel geschnitten
3 vollreife Tomaten, gewürfelt
2 EL klein geschnittene
  Basilikumblätter
3 Weizentortillas
1 EL Öl
2 EL geriebener Parmesan
75 g saure Sahne

Dressing
1 Knoblauchzehe, zerdrückt
1 EL Limettensaft
2 EL Olivenöl

Guacamole
3 Avocados
2 EL Zitronensaft
1 Knoblauchzehe, zerdrückt
1 kleine rote Zwiebel, gewürfelt
1 kleine rote Chilischote, gehackt
50 g saure Sahne
2 EL scharfe Taco-Sauce
  (Fertigprodukt)

Die Bohnen über Nacht in reichlich kaltem Wasser einweichen. Abgießen und in sprudelnd kochendem Wasser in etwa 30 Minuten garen, dabei regelmäßig abschäumen – nicht zu lange kochen, damit die Bohnen nicht zu weich werden und zerfallen. In ein Sieb schütten und abkühlen lassen.

Die Süßkartoffeln in große Stücke schneiden und weich kochen. Abgießen und mit Zwiebel, Paprika, Tomaten und Bohnen mischen. Das Basilikum unterrühren.

Die Zutaten für das Dressing in ein Schraubdeckelglas geben. Kräftig schütteln. Das Dressing zum Salat geben und untermischen.

Den Backofen auf 180 °C vorheizen. Aus den Tortillas Kakteen oder Dreiecke schneiden. Mit Öl beträufeln, mit Parmesan bestreuen. Im Ofen 10–15 Minuten backen, bis sie goldbraun und knusprig sind.

Für die Guacamole die Avocados halbieren, entsteinen, schälen und mit dem Zitronensaft zerdrücken. Knoblauch, Zwiebel, Chili, saure Sahne und Taco-Sauce unterrühren. Die Guacamole auf den Salat häufen, die saure Sahne daraufgeben und den Salat mit den Tortillastücken garnieren.

Lammfleisch mit Couscous auf indische Art

Für 6 Personen

250 g Lammrückenfilets (Lammlachse)
1 EL mildes Currypulver, mit 1 Prise
  Salz gemischt
2 EL Kürbiskerne
2 EL Sesamsamen
2 TL Kreuzkümmelsamen
2 TL Koriandersamen
1 EL Öl
2 EL Zitronensaft
1 Zwiebel, gewürfelt
1 Möhre, gewürfelt
125 g orange Süßkartoffel, gewürfelt
1 Knoblauchzehe, fein gewürfelt
200 g Instant-Couscous
50 g Rosinen

Fleisch mit Currypulver bestreuen. Mit Frischhaltefolie bedecken und bis zur Verwendung kalt stellen.

Kürbiskerne und Sesamsamen in einer Pfanne ohne Fett rösten. Kreuzkümmel und Koriander hinzufügen und weiterrühren, bis die Kürbiskerne sich aufblähen und hoch springen. Vom Herd nehmen; abkühlen lassen.

Das Öl in einer Pfanne erhitzen. Das Fleisch darin 5–8 Minuten braten, bis es gebräunt ist; herausnehmen, mit der Hälfte des Zitronensafts beträufeln und auf Raumtemperatur abkühlen lassen, dabei gelegentlich wenden.

In derselben Pfanne Zwiebel, Möhre und Süßkartoffel braten, bis die Zwiebelwürfel glasig sind. 3 EL Wasser hinzufügen; Gemüse zugedeckt bei mittlerer Hitze in etwa 3 Minuten weich garen. Knoblauch und den restlichen Zitronensaft unterrühren.

Couscous nach Packungsangabe zubereiten. Gemüsemischung, Rosinen und einen Großteil der Kürbiskernmischung unterrühren. Mischung auf eine Platte geben. Das Fleisch in dünne Scheiben schneiden und diese auf dem Couscous anrichten. Mit dem restlichen Zitronensaft beträufeln und mit der restlichen Kürbiskernmischung bestreuen.

Spanischer Brot-Wurst-Salat (Migas) mit Cocktailtomaten

Für 4 Personen

1 Chorizo (scharfe spanische
   Paprikawurst)
75 ml Olivenöl
250 g gelbe Cocktailtomaten
1 Prise edelsüßes Paprikapulver
1 Prise Chiliflocken
½ TL Kreuzkümmelsamen
2 Knoblauchzehen, zerdrückt
4 dicke Scheiben Brot vom Vortag,
   entrindet, in 2 cm große Würfel
   geschnitten

Die Chorizo in Stücke schneiden, die etwa so groß sind wie die Brotwürfel. Das Olivenöl in einer großen Pfanne bei starker Hitze heiß werden lassen. Chorizostücke und Tomaten mit Paprika, Chili und Kreuzkümmel hineingeben und unter häufigem Rühren 4 Minuten braten, bis sie gebräunt sind. Den Knoblauch hinzufügen und 20 Sekunden mitbraten.

Die Chorizomischung mit einem Schaumlöffel aus der Pfanne heben und auf Küchenpapier abtropfen lassen. Die Brotwürfel in die Pfanne geben und 4 Minuten braten, bis sie knusprig und goldbraun sind. Mit einem Schaumlöffel herausheben und auf Küchenpapier abtropfen lassen. Alles abkühlen lassen, dann in eine Schüssel geben und mischen. Mit Holzspießchen und Papierservietten servieren.

Fischsalat von den Fidschi-Inseln (Kokoda)

Für 6 Personen

450 g Schollenfilet oder anderes
  zartes, weißfleischiges Fischfilet,
  gehäutet
125 g Limettensaft
2 Rispentomaten
125 ml Kokosmilch
1 kleine rote Chilischote, von den
  Samen befreit und fein gehackt
2 Schalotten, in dünne Ringe
  geschnitten
1 Knoblauchzehe, zerdrückt
1 kleine rote Paprikaschote, gewürfelt

Fischfilets in kleine Würfel schneiden und diese in eine Schüssel geben. Limettensaft und 1 gute Prise Salz untermischen. Zudecken und im Kühlschrank mindestens 4 Stunden durchziehen lassen, dabei stündlich umrühren. Wer mag, kann den Fisch über Nacht marinieren lassen. Wenn der Fisch durchgezogen ist, die Tomaten unten kreuzförmig einschneiden. Kurz in kochendes Wasser geben, dann abschrecken und häuten. Die Tomaten von den Kernen und dem festen Inneren befreien und würfeln.

Die Tomatenwürfel mit Kokosmilch, Chili, Schalottenringen, Knoblauch und Paprikawürfeln mischen. Den Fisch abgießen und unter die Tomatenmischung heben. Den Salat mit Salz abschmecken. Sofort servieren oder bis zum Servieren im Kühlschrank aufbewahren.

Tipp: Für diesen erfrischenden Fischsalat wird roher Fisch in Limettensaft mariniert. Dieser reagiert mit dem Fischeiweiß und »gart« den Fisch. Der Fisch für dieses Gericht muss absolut frisch sein.

Japanischer Kartoffelsalat

Für 6–8 Personen

500 g Kartoffeln, geschält
50 g gekochter Schinken, in Scheiben
1 kleine Bio-Salatgurke

Dressing
200 g Mayonnaise
½ TL japanischer Senf
2 EL japanischer Reisessig
einige Tropfen Sesamöl
2 Frühlingszwiebeln, fein gehackt
2 große Handvoll Mitsuba (japanisches Würzkraut) oder glatte Petersilie, fein gehackt

Die Kartoffeln in 2 cm große Würfel schneiden. In einem Topf Salzwasser aufkochen lassen. Die Kartoffelwürfel darin 8 Minuten garen, bis sie weich sind. Abgießen, kalt abspülen und abtropfen lassen. Die Kartoffelwürfel mit einer Gabel etwas zerdrücken – es sollen Stücke sichtbar bleiben.

Inzwischen den Schinken in etwa 3 cm lange Streifen schneiden. Die Gurke längs halbieren. Die Samen mit einem Teelöffel herausschaben, die Gurkenhälften quer in sehr dünne Scheiben schneiden.

Für das Dressing die Mayonnaise in einer Schüssel mit Senf, Essig und Sesamöl glatt rühren. Frühlingszwiebeln und Mitsuba bzw. Petersilie unterrühren. Das Dressing mit Salz und weißem Pfeffer aus der Mühle abschmecken.

Die warmen Kartoffeln mit Schinken, Gurke und Dressing in eine Schüssel geben und alles gründlich mischen. Den Salat vor dem Servieren 15 Minuten durchziehen lassen.

Carpaccio aus Venedig

Für 8 Personen

400 g Rinderfilet
1 EL Olivenöl
60 g Parmesan, in Späne gehobelt
Rucolablätter, in Stücke gezupft,
  zum Anrichten
schwarze Oliven, in Scheiben
  geschnitten, zum Anrichten

Das Filet in Frischhaltefolie wickeln und 1–2 Stunden im Tiefkühlgerät anfrieren lassen (anschließend lässt es sich leichter aufschneiden).

Das Rinderfilet mit einem großen, sehr scharfen Messer oder mit der Aufschnittmaschine in hauchdünne Scheiben schneiden. Die Scheiben auf einer Servierplatte anrichten und Raumtemperatur annehmen lassen.

Die Filetscheiben unmittelbar vor dem Servieren mit Olivenöl beträufeln und mit Käsespänen, Rucola und Olivenscheiben bestreuen.

Vietnamesischer Garnelensalat

Für 6 Personen

1 kleiner Chinakohl, in dünne Streifen
  geschnitten
60 g Zucker
60 ml Fischsauce
75 ml Limettensaft
1 EL Branntweinessig
½ TL Salz
1 kleine rote Zwiebel, in dünne Ringe
  geschnitten
600 g gegarte Riesengarnelen mit
  Schwänzen, geschält und entdarmt
2 EL gehacktes Koriandergrün
2 EL gehackter Vietnamesischer
  Koriander, plus einige Blätter zum
  Garnieren

Die Chinakohlstreifen in eine große Schüssel geben. Zudecken und etwa 30 Minuten kalt stellen.

Zucker, Fischsauce, Limettensaft, Essig und Salz verrühren, bis der Zucker sich aufgelöst hat.

Die Zwiebelringe, die Garnelen, die gehackten Kräuter und das Dressing zu den Kohlstreifen geben. Alles gut mischen und den Salat mit Vietnamesischem Koriander garnieren.

Salat mit indischem Hähnchen und Gurken-Joghurt-Dressing

Für 4 Personen

4 Hähnchenbrustfilets
2–3 EL Tandoori-Paste
200 g Joghurt
1 EL Zitronensaft
1 kleines Bund Koriandergrün
50 g gehobelte Mandeln, geröstet
Erbsenkeimlinge (selbst gezogen,
    oder beliebige andere Keimlinge),
    zum Anrichten

Dressing
1 kleine Salatgurke, geraspelt
200 g stichfester Joghurt
1 EL gehackte Minze
2 TL Zitronensaft

Die Hähnchenbrustfilets in dicke Streifen schneiden. Tandoori-Paste in einer großen Schüssel mit Joghurt und Zitronensaft zu einer Marinade verrühren. Fleischstreifen hineingeben und rühren, bis sie ganz davon überzogen sind. Zudecken und über Nacht im Kühlschrank durchziehen lassen.

Für das Dressing die Gurkenraspel in eine Schüssel geben. Joghurt, Minze und Zitronensaft hinzufügen und alles glatt verrühren. Das Dressing bis zur Verwendung kalt stellen.

Eine große beschichtete Pfanne heiß werden lassen. Das Fleisch darin portionsweise unter häufigem Rühren braten, bis es durchgegart ist, dann abkühlen lassen und in eine Schüssel geben. Koriandergrün und Mandeln hinzufügen und alles gut mischen. Die Mischung auf einem Bett aus Erbsenkeimlingen anrichten, das Dressing separat dazu reichen.

Tipp: Wie gut das Fleisch schmeckt, hängt vor allem von der Qualität der Tandoori-Paste ab. Probieren Sie Produkte unterschiedlicher Hersteller aus, um Ihren Favoriten zu finden.

Nudelsalat mit Schweine- fleisch auf chinesische Art

Für 4 Personen

1 EL Erdnussöl
500 g Schweinehackfleisch
2 Knoblauchzehen, fein gewürfelt
1 Stängel Zitronengras, fein gehackt
2–3 rote Schalotten, in dünne Ringe
  geschnitten
3 TL fein geriebener frischer Ingwer
1 kleine rote Chilischote, fein gehackt
5 Kaffirlimettenblätter, in sehr dünne
  Streifen geschnitten
200 g Glasnudeln
60 g zarter Blattspinat
50 g Koriandergrün, grob gehackt
200 g Ananas, in kleine Würfel
  geschnitten
2 EL Minzeblätter

Dressing
75 ml Limettensaft
2 EL Fischsauce
1½ EL geriebener Palmzucker oder
  1½ EL brauner Zucker
2 TL Sesamöl
2 TL Erdnussöl

Den Wok bei starker Hitze sehr heiß werden lassen. Das Öl hineingeben und durch Schwenken verteilen. Das Hackfleisch darin portionsweise je 5 Minuten hell braten. Knoblauch, Zitronengras, Schalotten, Ingwer, Chili und Limettenblätter hinzufügen und unter Rühren 1–2 Minuten mitbraten, bis Duft aufsteigt.

Die Nudeln nach Packungsangabe kochen oder quellen lassen, bis sie weich sind. Kalt abspülen und gut abtropfen lassen. Mit Spinat, Koriandergrün, Ananaswürfeln, Minze und Fleischmischung in eine Schüssel geben und alles mischen.

Für das Dressing Limettensaft, Fischsauce und Zucker in einer kleinen Schüssel verrühren, bis der Zucker sich aufgelöst hat. Sesam- und Erdnussöl hinzufügen und mit einem Schneebesen unterrühren. Das Dressing unter den Salat mischen und den Salat mit schwarzem Pfeffer aus der Mühle würzen.

Tunesischer Möhrensalat

Für 6 Personen

500 g Möhren
3 EL fein gehackte glatte Petersilie
75 ml Olivenöl
60 ml Rotweinessig
1 TL gemahlener Kreuzkümmel
2 Knoblauchzehen, zerdrückt
1/4–1/2 TL Harissa (scharfe nordafrika-
    nische Würzpaste)
12 schwarze Oliven
3 hart gekochte Eier, geviertelt

Die Möhren in dünne Scheiben
schneiden. In einem Topf 500 ml Wasser aufkochen lassen. Die Möhren-
scheiben darin weich garen, dann
abgießen und abtropfen lassen. In
eine Schüssel geben und die Petersilie untermischen.

Olivenöl, Essig, Kreuzkümmel und
Knoblauch zu einem Dressing verrühren. Das Dressing zu den Möhren
geben und unterheben. Den Salat
mit Harissa, Salz und Pfeffer aus der
Mühle abschmecken.

Den Salat in eine Servierschüssel
umfüllen. Mit Oliven und Ei garnieren
und servieren.

Tipp: Falls die Möhren nicht süß
genug sind, etwas flüssigen Honig
an das Dressing geben.

Etwas Besonderes

Roh gebeizte Jakobsmuscheln

Für 4 Personen

16 küchenfertige ausgelöste Jakobsmuscheln mit Corail (Rogen) und
16 Muschelschalen
1 TL abgeriebene unbehandelte
Limettenschale
125 ml Limettensaft
2 Knoblauchzehen, fein gewürfelt
2 kleine rote Chilischoten, von den
Samen befreit, fein gehackt
1–2 EL gehackte Petersilie
1 EL Olivenöl
in dünnen Streifen abgezogene
Limettenschale, zum Garnieren

Die Jakobsmuscheln mit kalten Wasser abspülen und mit Küchenpapier
trocken tupfen.

Limettenschale und -saft, Knoblauch,
Chilis, Petersilie und Olivenöl in einer
großen Schüssel zu einer Marinade
verrühren. Die Marinade mit Salz und
schwarzem Pfeffer aus der Mühle abschmecken. Muschelfleisch hineingeben und behutsam unterrühren. Die
Schüssel mit Frischhaltefolie verschließen und für mindestens 2 Stunden
in den Kühlschrank stellen. In dieser
Zeit »garen« die Muscheln im Zitronensaft – sie werden fest und sind nicht
mehr glasig.

Zum Servieren die Muscheln auf den
Schalen anrichten, mit der Marinade
beträufeln, mit Limettenschale garnieren und kalt als Vorspeise servieren.

Mariniertes Ofengemüse mit Knoblauchbröseln

Für 4 Personen

3 Zucchini, in dicke Scheiben
  geschnitten
1 rote Zwiebel, längs geachtelt
1 rote Paprikaschote, in mundgerechte Stücke geschnitten
250 g Champignons, große
  Exemplare halbiert
3 EL Olivenöl
1 Knoblauchzehe, zerdrückt
50 g Semmelbrösel, aus Weißbrot
  oder Brötchen vom Vortag

Dressing
1 EL Olivenöl
2 EL Pesto (Fertigprodukt)
1 EL Zitronensaft

Den Backofen auf 200 °C vorheizen. Das Gemüse und die Pilze in eine große ofenfeste Form geben und mit 2 EL Olivenöl beträufeln. Etwas Salz und Pfeffer aus der Mühle hinzufügen und die Form schwenken, um das Gemüse mit Öl zu überziehen. Das Gemüse im heißen Ofen 30 Minuten rösten, bis es weich ist.

Die Zutaten für das Dressing in einer großen Schüssel verrühren. Gemüse hinzufügen und untermischen. Den Salat 10 Minuten durchziehen lassen.

Das restliche Öl bei mittlerer Hitze in einer Pfanne heiß werden lassen. Den Knoblauch darin 30 Sekunden braten. Die Semmelbrösel hinzufügen und bei starker Hitze 2–3 Minuten unter Rühren mitbraten, bis alles goldbraun ist. Die Knoblauchbrösel unter das Gemüse heben; sofort servieren.

Krabbenfleischsalat mit Gurken, Algen und Ingwerdressing

Für 4 Personen

2 TL Salz
2 kleine Salatgurken, von den Samen
  befreit, in sehr dünne Scheiben
  geschnitten
2 EL getrocknete kurze Wakamestreifen (japanische Algen)
150 g Krabbenfleisch (Crabmeat;
  Dose); ersatzweise gegartes
  Hähnchenfleisch

Dressing
2 EL japanischer Reisessig
2 EL Fischfond
1 EL japanische Sojasauce
2 TL Mirin (süßer japanischer
  Reiswein)
20 g frischer Ingwer

Das Salz in 500 ml kaltem Wasser auflösen. Die Gurkenscheiben darin 10 Minuten ziehen lassen. Abgießen und die überschüssige Flüssigkeit aus den Gurken drücken. Die Gurken bis zur Verwendung kalt stellen.

Die Wakamestreifen in einer Schüssel in kaltem Wasser 5 Minuten einweichen, bis sie prall sind und glänzen. Abgießen und bis zur Verwendung kalt stellen.

Für das Dressing Reisessig, Fischfond, Sojasauce und Mirin in einem kleinen Topf verrühren. Aufkochen lassen, dann vom Herd nehmen und auf Raumtemperatur abkühlen lassen. Den Ingwer fein reiben und den Saft herausdrücken (es sollten 1½ TL Saft entstehen). Den Ingwersaft zum Dressing geben und unterrühren. Dressing abkühlen lassen und für 15 Minuten in den Kühlschrank stellen, damit es richtig kalt wird.

Gurkenscheiben, Wakame und Krabbenfleisch mischen und in Schalen anrichten. Mit dem Dressing beträufeln und sofort servieren.

Brunnenkresse mit Bohnen, Roter Bete und geräucherter Makrele

Für 4 Personen

400 g Kartoffeln, ungeschält in Scheiben geschnitten
150 g zarte grüne Bohnen
100 g Brunnenkresse oder gemischte Blattsalate
1 Fenchelknolle, halbiert, in dünne Streifen geschnitten
1 EL grob gehackter Estragon (nach Belieben)
1 EL Zitronensaft oder Weißweinessig
2 EL Olivenöl
200 g gegarte Rote Bete (Vakuum-Pack), in dicke Scheiben und diese in Stücke geschnitten
4 gehäufte EL Joghurt
4 gehäufte EL Tafelmeerrettich
350 g geräucherte Makrelenfilets, gehäutet, von Gräten befreit, in mundgerechte Stücke geschnitten

Die Kartoffelscheiben in sprudelnd kochendem Salzwasser in 10 Minuten weich garen. Gleichzeitig die Bohnen in 2 Minuten bissfest garen; abgießen und gut abtropfen lassen.

Brunnenkresse oder Salatblätter in eine große Schüssel geben. Fenchel, Kartoffeln, Bohnen und (nach Belieben) Estragon hinzufügen. Salz und Pfeffer aus der Mühle, Zitronensaft oder Essig und Olivenöl hinzufügen und alles gut mischen.

Unmittelbar vor dem Servieren die Rote-Bete-Stücke hinzufügen und kurz untermischen.

Den Joghurt mit dem Meerrettich verrühren. Den Salat auf vier Teller verteilen und die Makrelenstücke darauf anrichten. Den Meerrettich-Joghurt daraufgeben und den Salat sofort servieren (damit die Rote Bete nicht alles verfärbt).

Gebratene Polenta mit Fenchelsalat

Für 4 Personen

500 ml Milch
175 g Maisgrieß (Polenta; keine Instant-Polenta!)
30 g Parmesan, gerieben
1 EL Butter
1½ EL Olivenöl, mehr zum Braten
2 sehr kleine Fenchelknollen, das zarte Fenchelgrün abgeschnitten und beiseitegelegt
50 g Brunnenkresseblätter
3 TL Zitronensaft
100 g Parmesanspäne

Die Milch mit 500 ml Wasser in einen Topf geben und aufkochen lassen. Den Maisgrieß unter ständigem Schlagen mit einem Schneebesen einrieseln lassen und bei sehr schwacher Hitze unter gelegentlichem Rühren 30–40 Minuten köcheln lassen. Den Topf vom Herd nehmen, den geriebenen Parmesan und die Butter unter die Polenta rühren. Die Polenta kräftig mit Salz und Pfeffer aus der Mühle abschmecken, in eine gefettete quadratische Form füllen und in 30 Minuten fest werden lassen.

Die kalte Polenta in vier Quadrate und diese in je zwei Dreiecke schneiden. Die acht Polentastücke mit etwas Öl bestreichen und in einer heißen Grillpfanne braten, bis Grillstreifen sichtbar werden.

Den Fenchel in sehr dünne Streifen schneiden oder hobeln, das Fenchelgrün hacken. Beides in eine Schüssel geben und mit Brunnenkresse, Zitronensaft, Öl und der Hälfte der Parmesanspäne mischen. Den Salat herzhaft abschmecken. Auf vier Tellern je 2 Polentadreiecke anrichten und den Salat darauf verteilen. Die Portionen mit den restlichen Parmesanspänen bestreuen und servieren.

Rote-Bete-Salat mit Tatsoi und Honig-Senf-Dressing

Für 4 Personen

1,5 kg sehr kleine Rote-Bete-Knollen
mit Blättern
250 g Dicke-Bohnen-Kerne (entspricht
mit Schoten 500 g)
200 g Tatsoi (Rosetten-Pak-choi),
ersatzweise Blattspinat

Dressing
75 ml Olivenöl
1 EL Zitronensaft
1 EL körniger Senf
1 EL Honig

Rote Bete von den Wurzelenden und den Stielen befreien (dabei sollte man Küchenhandschuhe tragen); schöne Blätter beiseitelegen. In einem Topf Wasser aufkochen lassen. Rote Bete hineingeben und in 8–10 Minuten weich kochen. Rote Bete abgießen, häuten, mit Küchenpapier abtupfen und kalt abspülen, dann in eine große Schüssel geben.

In einem Topf Wasser aufkochen lassen; salzen. Die Bohnenkerne darin 2–3 Minuten kochen. Abgießen, etwas abkühlen lassen, dann die Kerne aus den Hülsen drücken. Die Rote-Bete-Blätter und die zarten Innenblätter der Tatsoi-Rosetten hinzufügen.

Die Zutaten für das Dressing in einer kleinen Schüssel mit einem Schneebesen verrühren. Das Dressing mit Salz und schwarzem Pfeffer aus der Mühle abschmecken, zum Gemüse geben und alles behutsam mischen. Den Salat warm servieren.

Fenchel und Rote Bete mit Räucherforelle

Für 4 Personen

12 kleine Rote-Bete-Knollen
2–3 EL Olivenöl
2 große Fenchelknollen
100 g geräuchertes Forellenfilet, in
Stücke zerpflückt

Dressing
200 g saure Sahne
1 EL Tafelmeerrettich
1 EL Zitronensaft
2 EL Schnittlauchröllchen

Den Backofen auf 200 °C vorheizen. Rote Bete schälen (dabei sollte man Küchenhandschuhe tragen) und in Stücke schneiden. Die Stücke in eine große ofenfeste Form geben und mit 2 EL Öl beträufeln. Mit Salz und Pfeffer aus der Mühle bestreuen und alles mischen. Die Form mit Alufolie verschließen. Rote-Bete-Stücke im Ofen in 40–45 Minuten weich garen.

Inzwischen die Fenchelknollen von Stielen und Grün befreien und vierteln. Die Viertel in kochendes Salzwasser geben und in etwa 5 Minuten bissfest garen. Abgießen, gut abtropfen lassen und in Spalten schneiden. Die Fenchelspalten 30 Minuten vor Ende der Garzeit zur Roten Bete geben und, falls nötig, mit etwas Öl beträufeln.

Rote Bete und Fenchel mit dem Fisch in eine Schüssel geben. Alle Zutaten für das Dressing in einer Schüssel verrühren. Das Dressing in Klecksen auf den Salat geben; warm servieren.

Ziegenfrischkäse mit Avocado und Räucherlachs

Für 4 Personen

2 EL Olivenöl
1 EL Balsamico-Essig
1 Avocado, geviertelt
50 g Rucola
100 g Räucherlachs, in Streifen
geschnitten (siehe Tipp)
8 kleine runde Ziegenfrischkäse in
Öl, abgetropft
2 EL grob gehackte Haselnusskerne,
geröstet

Das Öl mit dem Essig sowie Salz und Pfeffer aus der Mühle in einer großen Schüssel verrühren.

Avocadoviertel, Rucola und Lachs gleichmäßig auf vier Teller verteilen.

Auf jeden Teller 2 Ziegenfrischkäse geben und diese mit den Nüssen bestreuen. Das Ganze mit dem Dressing beträufeln, mit schwarzem Pfeffer aus der Mühle würzen; sofort servieren.

Tipp: Anstelle von Räucherlachs können Sie für diesen Salat zwei in mundgerechte Stücke zerpflückte geräucherte Forellenfilets ohne Haut verwenden.

Jakobsmuscheln mit Spinat und Ingwer

Für 4 Personen

300 g ausgelöstes Jakobsmuschel-
  fleisch, ohne Corail (Rogen)
Öl, zum Braten
100 g zarter Blattspinat
1 kleine rote Paprikaschote, in sehr
  feine Streifen (Julienne) geschnitten
50 g Mungobohnensprossen

Dressing
25 ml Sake
1 EL Limettensaft
2 TL geriebener Palmzucker oder
  2 TL brauner Zucker
1 TL Fischsauce

Die Jakobsmuscheln abspülen und trocken tupfen. Die Zutaten für das Dressing in eine kleine Schüssel geben und mit einem Schneebesen verrühren, bis der Zucker sich auf-gelöst hat.

Eine Grillpfanne heiß werden lassen und dünn mit Öl ausstreichen. Die Jakobsmuscheln darin portionsweise je etwa 1 Minute braten, bis sie nicht mehr glasig sind.

Spinatblätter, Paprikastreifen und Boh-nensprossen auf vier Teller verteilen. Die Jakobsmuscheln darauf anrichten. Das Ganze mit dem Dressing beträu-feln und sofort servieren.

Salat mit gebratenem Tofu und Ingwer-Miso-Dressing

Für 4 Personen

75 ml Sojasauce
4 TL Öl
2 Knoblauchzehen, zerdrückt
1 TL geriebener frischer Ingwer
1 TL Chilipaste
½ TL Salz
500 g Seidentofu, in 2 cm große
  Würfel geschnitten
200 g gemischte Blattsalate
1 kleine Bio-Salatgurke, längs in
  dünne Streifen geschnitten
250 g Cocktailtomaten, halbiert

Dressing
2 TL weißes Miso (siehe Tipp)
2 EL Mirin (süßer japanischer
  Reiswein)
1 TL Sesamöl
1 TL geriebener frischer Ingwer
1 TL Schnittlauchröllchen
1 EL Sesamsamen, geröstet

Sojasauce mit 2 TL Öl, Knoblauch, Ingwer, Chilipaste und Salz in einer Schüssel zu einer Marinade verrühren. Die Tofuwürfel hineingeben und rühren, bis sie rundherum damit überzogen sind. 10 Minuten, besser über Nacht, durchziehen lassen.

Für das Dressing das Miso in 125 ml heißem Wasser auflösen. Sobald sich die Paste aufgelöst hat, Mirin, Sesamöl, Ingwer, Schnittlauch und Sesamsamen dazugeben. Kräftig rühren, bis das Dressing cremig ist.

Die Salatblätter, die Gurkenstreifen und die Tomatenhälften in einer großen Schüssel mischen.

In einer Grillpfanne das restliche Öl (2 TL) erhitzen. Tofuwürfel aus der Marinade heben, abtropfen lassen und bei mittlerer Hitze 4 Minuten braten, bis Grillstreifen entstanden sind. Mit der Marinade begießen und bei starker Hitze 1 weitere Minute braten. Aus der Pfanne nehmen; 5 Minuten abkühlen lassen. Tofu zum Salat geben, Dressing darüberträufeln und mischen.

Tipp: Miso ist eine Sojabohnenpaste, die in der japanischen Küche eine große Rolle spielt. Sie wird u. a. zum Würzen von Suppen, Dressings und Gegrilltem verwendet.

Italienischer Brotsalat (Panzanella)

Für 6–8 Personen

1 kleine rote Zwiebel, in dünne Ringe
geschnitten
250 g Weißbrot vom Vortag) z. B.
Ciabatta), entrindet
4 vollreife Tomaten
6 Sardellenfilets, fein gehackt
1 kleine Knoblauchzehe, zerdrückt
1 EL kleine Kapern (Nonpareilles),
gehackt
2 EL Rotweinessig
125 ml Olivenöl
2 kleine Salatgurken, geschält, in
Scheiben geschnitten
2 EL Basilikumblätter, in Stücke
gezupft

Die Zwiebelringe in einer Schüssel mit kaltem Wasser bedecken. 5 Minuten ziehen lassen, dann mehrmals kräftig mit der Hand ausdrücken, um die Säure aus den Zwiebelringen zu entfernen. Das Ganze zweimal wiederholen, dabei das Wasser jedes Mal erneuern.

Das Brot in 3 cm große Quadrate teilen. Diese unter dem Backofengrill in 4 Minuten knusprig, aber nicht braun rösten. Abkühlen lassen.

Die Tomaten unten kreuzförmig einritzen. mit kochend heißem Wasser übergießen. Kurz ziehen lassen, dann abschrecken und häuten. Tomaten halbieren und von Kernen und Stielansätzen befreien. 2 Tomaten grob hacken, die anderen beiden pürieren.

Sardellen, Knoblauch und Kapern in einer großen Schüssel mischen. Essig und Öl hinzufügen und alles zu einem Dressing verrühren. Dressing mit Salz und Pfeffer aus der Mühle abschmecken. Brot, Zwiebelringe, gehackte und pürierte Tomaten, Gurkenscheiben und Basilikum hinzufügen und alles gut mischen. Den Salat abschmecken; mindestens 15 Minuten zugedeckt durchziehen lassen. Mit Raumtemperatur servieren.

Caesar-Salat mit geräucherter Forelle

Für 4 Personen

350 g Forellenfilets ohne Haut
300 g grüne Bohnen, quer halbiert
6 Artischocken (Dose), abgespült,
  abgetropft und geviertelt
2 Eier
1 kleine Knoblauchzehe, fein
  gewürfelt
2 TL Dijonsenf
2 EL Weißweinessig
75 ml Olivenöl
6 Scheiben Weißbrot vom Vortag
  (z. B. Ciabatta oder Toskana-Brot),
  in 2 cm große Würfel geschnitten
2 EL Kapern
1 Romanasalatherz, Blätter abgelöst
40 g Parmesanspäne

Die Forellenfilets in 4 cm große Stücke zerpflücken. In eine Schüssel geben. Bohnen in kochendem Wasser in etwa 3 Minuten bissfest garen. Abgießen, mit kaltem Wasser abschrecken. Mit den Artischockenvierteln zum Fisch geben und alles mischen.

Die Eier in siedendes Wasser (mit etwas Salz und einem Schuss Essig) aufschlagen und darin 40 Sekunden ziehen lassen. Anschließend die Eier mit Knoblauch, Senf und Essig im Mixer mischen. Bei laufendem Motor 2 EL Öl in dünnem Strahl dazugießen. Weitermixen, bis eine cremige Sauce entstanden ist. Mit Salz und Pfeffer aus der Mühle abschmecken.

Das restliche Öl in einer Pfanne erhitzen. Das Brot mit den Kapern hineingeben und in 3–5 Minuten goldbraun braten. Vier Salatschalen mit den Salatblättern auslegen. Die Forellenmischung auf die Schalen verteilen, mit dem Dressing beträufeln und mit Croûtons, Kapern und Parmesan bestreuen.

Käse-Walnuss-Salat mit Gewürzbirnen

Für 4 Personen

2 große Birnen
125 ml Balsamico-Essig
100 ml Rotwein
1 Prise gemahlener Zimt
1 Sternanis
2 gehäufte EL brauner Zucker
3 EL Walnuss-, Kürbis- oder Olivenöl
100 g Brunnenkresse und/oder Spinat
200 g Blauschimmelkäse (z. B. Gorgonzola oder Roquefort), in kleine Würfel geschnitten
100 g Walnusskernhälften, leicht geröstet

Die Birnen halbieren und schälen, die Stiele dabei jedoch nicht entfernen. Die Birnenhälften mit 100 ml Essig, dem Wein, dem Zimt, dem Sternanis und dem Zucker in einen kleinen Topf geben. Den Topf schließen und die Birnen in etwa 15 Minuten bei schwacher Hitze weich kochen. Im Sud abkühlen lassen.

Das Öl mit dem restlichen Essig (20 ml) sowie Salz und Pfeffer aus der Mühle zu einem Dressing verrühren. Brunnenkresse und/oder Spinat damit anmachen und auf vier Salatschalen verteilen. Mit Käsewürfeln und Walnusskernen bestreuen. Die Birnen aus dem Sud heben und eine Hälfte auf jede Salatportion setzen.

Tipp: Bereiten Sie die Gewürzbirnen am besten schon einen Tag im Voraus zu, anschließend ist der Salat schnell gemacht.

Gebratene Tintenfische auf buntem Salat

Für 3–4 Personen

1 TL Sesamöl
2 EL Limettensaft
2 EL Fischsauce
60 ml süße Chilisauce
1 kg küchenfertige Baby-Oktopusse
200 g gemischte Blattsalate
1 rote Paprikaschote, in sehr dünne
  Streifen geschnitten
2 kleine Salatgurken, von den Samen
  befreit, längs in dünne Streifen
  geschnitten oder gehobelt
4 rote Schalotten, gewürfelt
100 g geröstete ungesalzene Erdnusskerne, gehackt

Das Sesamöl mit Limettensaft, Fisch-
und Chilisauce in einer Schale zu verrühren. Tintenfische in die Mischung
geben und damit überziehen. Das
Ganze zudecken und die Tintenfische
2 Stunden durchziehen lassen.

Eine Grillpfanne stark erhitzen. Die
Tintenfische aus der Marinade heben
und portionsweise je 3–5 Minuten
braten, dabei gelegentlich wenden.

Die Marinade in einen kleinen Topf
geben und etwa 5 Minuten kochen
lassen, bis sie etwas eingedickt ist.

Die Salatblätter auf vier Salatschalen
verteilen. Paprika- und Gurkenstreifen
daraufgeben und die Tintenfische
darauf anrichten. Mit der eingekochten Marinade beträufeln, mit Schalot-
tenwürfeln und Erdnüssen bestreuen
und servieren.

Krabbenfleischsalat mit grüner Mango und Kokosnuss

Für 4 Personen

Dressing
2 Knoblauchzehen, zerdrückt
1 kleine rote Chilischote, gehackt
1½ EL getrocknete Garnelen
½ TL Salz
1½ EL Fischsauce
2 EL Limettensaft
2 TL geriebener Palmzucker oder
2 TL brauner Zucker

4 EL Kokosspäne (siehe Tipp)
Fruchtfleisch von 3 grünen Mangos
(etwa 200 g Fruchtfleisch), in
Streifen geschnitten
1 kleine Handvoll Minze, große Blätter
in Stücke gezupft
1 kleine Handvoll Korianderblätter
2 Kaffirlimettenblätter, in Streifen
geschnitten
1½ TL in dünne Streifen geschnittener
eingelegter Ingwer
350 g ausgelöstes gegartes Krabbenfleisch; ersatzweise gegartes Hähnchenfleisch
4 kleine, quadratische Bananenblatt-
stücke (nach Belieben)
50 g geröstete ungesalzene Erdnusskerne, gehackt
Limettenschnitze, zum Servieren

Den Backofen auf 180 °C vorheizen. Für das Dressing Knoblauch, Chili, Garnelen und Salz im Mörser zu einer Paste verarbeiten. Mit einer Gabel Fischsauce, Limettensaft und Zucker darunterschlagen.

Die Kokosspäne auf einem Backblech ausbreiten und im Ofen 1–2 Minuten rösten, dabei das Blech gelegentlich rütteln, damit die Späne rösten. (Vorsicht: Kokosspäne verbrennen leicht!)

Die Mangostreifen mit Minze, Koriander, Limettenblättern, Ingwer, Kokosspänen und Krabbenfleisch in eine Schüssel geben. Das Dressing dazugießen und alles behutsam mischen.

Vier Teller nach Belieben mit Bananenblattstücken belegen (die Blätter sind nur Dekoration und nicht essbar). Den Krabbenfleischsalat daraufhäufen, mit Erdnüssen bestreuen und mit Limettenschnitzen servieren.

Tipp: Für frische Kokosspäne das Fruchtfleisch der Kokosnuss von der dunklen Haut befreien und mit einem Sparschäler in Streifen schneiden.

Sprossensalat mit Birnen und Sesam

Für 6 Personen

250 g Erbsenkeimlinge (selbst
  gezogen oder beliebige andere
  Keimlinge)
250 g Mungobohnensprossen
1 Bund Schnittlauch
100 g Zuckerschoten
1 Selleriestange
2 feste, reife Birnen
Koriandergrün
Sesamsamen, zum Bestreuen

Dressing
2 EL Sojasauce
1 TL Sesamöl
1 EL brauner Zucker
2 EL Erdnussöl
1 EL Reisessig

Die Erbsenkeimlinge waschen und abtropfen lassen. Bohnensprossen von braunen Enden befreien. Schnittlauchhalme in 4 cm lange Stücke, Zuckerschoten und Selleriestange in streichholzgroße Stifte schneiden.

Die Birnen schälen, von den Kerngehäusen befreien und in Stifte schneiden, die etwas dicker sind als die Sellerie- und Zuckerschotenstifte. Die Birnenstifte in eine Schüssel geben und mit Wasser bedecken, damit sie sich nicht verfärben.

Die Zutaten für das Dressing mit einem Schneebesen gut verrühren.

Die Birnenstifte abtropfen lassen. Die Salatzutaten mit Koriandergrün in eine Schüssel geben und mischen. Das Dressing hinzufügen und kurz unterheben. Den Salat mit Sesamsamen bestreuen und sofort servieren.

Jakobsmuschelsalat mit Safrandressing

Für 4 Personen

Dressing
1 Prise Safranfäden
75 g Mayonnaise
1 ½ TL Sahne
1 TL Zitronensaft

20 küchenfertige ausgelöste Jakobs-
muschel, mit Corail (Rogen)
25 g Butter
1 EL Olivenöl
100 g gemischte Blattsalate
1 kleine Handvoll Kerbelblättchen

Für das Dressing die Safranfäden
10 Minuten in 2 TL heißem Wasser
einweichen. Mayonnaise hinzufügen
und rühren, bis die Mischung gleichmäßig kräftig gelb ist. Erst die Sahne,
dann den Zitronensaft untermischen,
das Dressing bis zur Verwendung im
Kühlschrank aufbewahren.

Die Jakobsmuscheln abspülen und
mit Küchenpapier trocken tupfen. Die
Butter mit dem Öl in einer großen
Pfanne bei starker Hitze heiß werden
lassen. Die Muscheln darin portionsweise pro Seite 1 Minute braten.

Salat- und Kerbelblätter auf vier Teller
verteilen und je 5 Jakobsmuscheln
darauf anrichten. Mit dem Dressing
beträufeln und sofort servieren.

Gemischter Salat mit Speck, Paprika und verlorenen Eiern

Für 4 Personen

2 große rote Paprikaschoten, geviertelt
150 g gemischte Blattsalate (z. B. Romanasalatherzen, Brunnenkresse und Rucola)
4 Frühlingszwiebeln, in dünne Ringe geschnitten
1 große reife Avocado, geviertelt und die Viertel in Spalten geschnitten
4 Scheiben Graubrot
1 große Knoblauchzehe, halbiert
1 EL Sonnenblumenöl
8 Scheiben durchwachsener Räucherspeck
1 Schuss Essig
4 Eier

Dressing
2 TL Dijonsenf
1 EL Weißweinessig oder Zitronensaft
4 EL Olivenöl

Paprikaviertel unter dem Backofengrill rösten, bis die Hautseite angekohlt und blasig ist. In einen Gefrierbeutel geben und abkühlen lassen; häuten und in Streifen schneiden. Salatblätter in eine große Schüssel geben und mit Frühlingszwiebelringen, Avocadospalten und Paprikastreifen mischen. Das Brot rösten und die Scheiben auf beiden Seiten mit Knoblauch einreiben. In 2 cm große Würfel schneiden und unter den Salat mischen. Öl in einer Pfanne erhitzen. Speck darin knusprig braten. Herausnehmen, auf Küchenpapier abtropfen lassen.

Für das Dressing Senf und Essig bzw. Zitronensaft verrühren. Öl hinzufügen und darunterschlagen. Das Dressing mit Salz und Pfeffer aus der Mühle abschmecken.

In einem Topf Salzwasser mit Essig bis kurz unter den Siedepunkt erhitzen. Ein Ei vorsichtig in eine kleine Schüssel aufschlagen und in das Wasser gleiten lassen. Mit den restlichen Eiern ebenso verfahren; die Eier 3 Minuten pochieren, dann mit einem Schaumlöffel herausheben und kurz auf Küchenpapier abtropfen lassen.

Dressing unter den Salat mischen. Speck und Eier darauf anrichten oder Salat, Eier und Speck auf Portionstellern anrichten. Sofort servieren.

Lachs mit Pfefferkruste auf Blattsalat

Für 4 Personen

4 Stücke Lachsfilet (je etwa 200 g),
  gehäutet
1 EL grob gemahlener schwarzer
  Pfeffer, mit ¼ TL Salz gemischt
75 g Mayonnaise
1½ EL Zitronensaft
2 TL Tafelmeerrettich
1 kleine Knoblauchzehe, zerdrückt
2 EL gehackte Petersilie
100 g Brunnenkresse
3 EL Olivenöl
25 g Butter
8 Kopfsalatblätter, in Stücke gezupft

Die Lachsfilets rundum mit dem Pfeffer bestreuen, den Pfeffer andrücken. Zudecken und für 30 Minuten in den Kühlschrank geben.

Die Mayonnaise mit Zitronensaft, Meerrettich, Knoblauch, Petersilie, der Hälfte der Brunnenkresse, 1 EL Öl und 1 EL warmem Wasser in die Küchenmaschine geben. 1 Minute mixen.

Die Butter mit 1 EL Öl in einer großen Pfanne aufschäumen lassen. Lachsfilets darin bei mittlerer Hitze pro Seite 2–3 Minuten braten (länger, wenn der Fisch durchgegart sein soll); herausnehmen und etwas abkühlen lassen.

Die Salatblätter auf vier Teller verteilen. Mit dem restlichen Öl (1 EL) beträufeln. Die Lachsfilets in je vier Stücke teilen und auf dem Salat anrichten. Mit der restlichen Brunnenkresse bestreuen, mit dem Dressing begießen und das Ganze sofort servieren.

Salat mit gebratener Ente und Chilidressing

Für 4 Personen

Dressing
½ TL Chiliflocken
2½ EL Fischsauce
1 EL Limettensaft
2 TL geriebener Palmzucker oder
  2 TL brauner Zucker

1 gebratene Ente (wenn möglich, aus
  einem chinesischen Restaurant)
1 kleine rote Zwiebel, in dünne Ringe
  geschnitten
1 EL in dünne Streifen geschnittener
  frischer Ingwer
4 EL grob gehacktes Koriandergrün
4 EL grob gehackte Minze
80 g geröstete ungesalzene
  Cashewkerne
8 Kopfsalatblätter

Für das Dressing die Chiliflocken in einer Pfanne bei mittlerer Hitze ohne Fett 30 Sekunden rösten, dann im Mörser fein zerkleinern. Das Pulver in einer kleinen Schüssel mit Fischsauce, Limettensaft und Zucker verrühren, bis der Zucker sich aufgelöst hat.

Entenfleisch von den Knochen lösen, in mundgerechte Stücke schneiden und in eine Schüssel geben. Zwiebelringe, Ingwerstreifen, Koriander, Minze, Cashewkerne und das Dressing hinzufügen; alles mischen.

Die Salatblätter auf eine Platte legen oder auf Teller verteilen. Den Salat darauf anrichten und sofort servieren.

Spinatsalat mit Speck und Wachteleiern

Für 4 Personen

12 Wachteleier
2½ EL Öl
4 Scheiben durchwachsener Speck,
  in dünne Streifen geschnitten
2 EL Apfelessig
2 Knoblauchzehen, zerdrückt
1 TL Dijonsenf
1 TL Ahornsirup
½ TL Worcestersauce
250 g zarter Blattspinat
200 g Cocktailtomaten, halbiert
50 g Pinienkerne, geröstet

In einem kleinen Topf Wasser bis kurz unter den Siedepunkt erhitzen. Die Wachteleier darin 1½ Minuten garen, dann herausheben und mit kaltem Wasser abspülen, bis sie kalt sind. Eier vorsichtig pellen und halbieren.

In einer beschichteten Pfanne etwas Öl erhitzen. Den Speck darin in etwa 5 Minuten knusprig braten. Herausheben und auf Küchenpapier abtropfen lassen. Essig, Knoblauch, Senf, Ahornsirup und Worcestersauce in die Pfanne geben und 2 Minuten unter Rühren aufkochen lassen. Das restliche Öl unterrühren.

Spinat, Speck, Tomaten und Pinienkerne in eine flache Schüssel schichten und die Eier darauf anrichten. Den Salat mit dem Dressing beträufeln, mit Salz und Pfeffer aus der Mühle würzen und servieren.

Salat mit Oliven, Walnüssen und Granatapfelkernen

Für 4 Personen

100 g Walnusskernhälften
350 g grüne Oliven, entkernt und
  halbiert
200 g Granatapfelkerne
1 große rote Zwiebel, gewürfelt
1 Bund glatte Petersilie, Blätter
  abgezupft

Dressing
125 ml Olivenöl
1 ½ EL Granatapfelkonzentrat (siehe
  Tipp)
½ TL Chiliflocken

Die Walnusskerne 3–4 Minuten in kochend heißem Wasser einweichen, bis die Häute sich leicht abziehen lassen. Nüsse abgießen, häuten und trocken tupfen, dann in einer Pfanne bei mittlerer Hitze kurz ohne Fett rösten. Abkühlen lassen und grob hacken.

Die Zutaten für das Dressing in einer kleinen Schüssel mit einem Schneebesen verrühren.

Grüne Oliven, Granatapfelkerne, Zwiebelwürfel, Nüsse und Petersilie in eine Schüssel geben und mischen. Unmittelbar vor dem Servieren das Dressing sowie Salz und Pfeffer aus der Mühle hinzufügen und alles gut mischen.

Tipp: Bei Granatapfelkonzentrat handelt es sich um zu dickflüssigem Sirup eingekochten Granatapfelsaft (nicht zu verwechseln mit Grenadine). Sie finden es im Orientladen oder in türkischen Lebensmittelgeschäften (dort heißt es Nar eksisi).

Hummersalat mit Mango und Zuckerschoten

Für 4 Personen

ausgelöstes Fleisch von
  1 gegarten Hummer
100 g Zuckerschoten
1 große Mango, in kleine Stücke
  geschnitten
2 Frühlingszwiebeln, schräg in Ringe
  geschnitten
½ orange Paprikaschote, in dünn
  Streifen geschnitten
½ kleine Salatgurke, geschält, in
  lange Stifte geschnitten

Dressing
Schale und Saft von 2 unbehandelten
  Limetten
1 EL Thai-Fischsauce (Nam pla)
1 kleine rote Chilischote, von den
  Samen befreit, fein gehackt
2 EL Olivenöl
1 TL Sesamöl
1 TL Sojasauce
½ TL Zucker

Das Hummerfleisch in mundgerechte Stücke schneiden und diese in eine große Schüssel geben.

In einem kleinen Topf Wasser aufkochen lassen. Die Zuckerschoten darin 2 Minuten kochen, dann unter kaltem Wasser abschrecken. Trocken tupfen und mit Mangostücken, Frühlingszwiebelringen, Paprikastreifen und Gurkenstiften in eine Schüssel geben.

Alle Zutaten für das Dressing verrühren. Das Dressing zur Hummermischung geben; alles gut miteinander vermischen. Den Hummersalat möglichst sofort servieren.

Asiatischer Nudelsalat mit Garnelen

Für 4 Personen

Dressing
2 EL geriebener frischer Ingwer
2 EL Sojasauce
2 EL Sesamöl
75 ml Rotweinessig
1 EL süße Chilisauce
2 Knoblauchzehen, zerdrückt
75 ml Ketjap Manis (indonesische
   süße Sojasauce)

250 g Instant-Eiernudeln
500 g gegarte große Garnelen mit
   Schwänzen, geschält und entdarmt
5 Frühlingszwiebeln, schräg in Ringe
   geschnitten
2 EL gehacktes Koriandergrün
1 rote Paprikaschote, gewürfelt
100 g Zuckerschoten, quer halbiert
Limettenschnitze, zum Servieren

Die Zutaten für das Dressing in einer kleinen Schüssel mit einem Schneebesen verrühren.

Die Nudeln nach Packungsangabe einweichen oder kochen, dann gut abtropfen und in einer großen Schüssel abkühlen lassen.

Dressing, Garnelen, Frühlingszwiebelringe, Koriandergrün, Paprikawürfel und Zuckerschoten zu den Nudeln geben und alles behutsam mischen. Salat mit Limettenschnitzen servieren.

Rucolasalat mit Räucherlachs

Für 4 Personen

Dressing
2 EL Olivenöl
1 EL Balsamico-Essig
150 g Rucola, von groben Stielen
  befreit
1 Avocado, in 12 Spalten geschnitten
250 g Räucherlachs
300 g in Öl eingelegter Ziegenfrischkäse, abgetropft und zerbröckelt
2 EL geröstete Haselnusskerne,
  grob gehackt

Das Öl in einer Schüssel mit dem Essig sowie Salz und Pfeffer aus der Mühle zu einem Dressing verrühren. Den Rucola damit anmachen.

Auf vier Teller je 3 Avocadospalten geben. Rucola und Lachs auf die Teller verteilen und das Ganze mit Ziegenkäse und Nüssen bestreuen. Die Portionen mit schwarzem Pfeffer aus der Mühle würzen.

Register

DORLING KINDERSLEY
London, New York, Melbourne, München und Delhi

Für die deutsche Ausgabe
Programmleitung Monika Schlitzer
Projektbetreuung Elke Homburg
Herstellungsleitung Dorothee Whittaker
Covergestaltung Gerd Wiechcinski

Bibliografische Information Der Deutschen Bibliothek
Die Deutsche Bibliothek verzeichnet diese Publikation in der -
Deutschen Nationalbibliografie; detaillierte bibliografische Daten
sind im Internet über http://dnb.ddb.de abrufbar.

Team Murdoch Books
Verlagsleitung Juliet Rogers
Verleger Kay Scarlett
Grafik David Fairs
Lektorat Karen Gee

Für Redaktionsbüro Klaeger
Übersetzung Regine Brams
Redaktion und Satz Cornelia Klaeger

ISBN 978-3-8310-1389-0

Printed in Hong Kong by Sing Cheong Printing Co. Ltd

Besuchen Sie uns im Internet
www.dk.com